INJUSTIÇADOS

LUCAS FERRAZ

Injustiçados
*Execuções de militantes nos tribunais
revolucionários durante a ditadura*

COMPANHIA DAS LETRAS

Copyright © 2021 by Lucas Ferraz

Grafia atualizada segundo o Acordo Ortográfico da Língua Portuguesa de 1990, que entrou em vigor no Brasil em 2009.

Capa e caderno de fotos
Kiko Farkas/ Máquina Estúdio

Preparação
Officina de Criação

Checagem
Érico Melo

Índice remissivo
Julio Haddad

Revisão
Ana Maria Barbosa
Clara Diament

Dados Internacionais de Catalogação na Publicação (CIP)
(Câmara Brasileira do Livro, SP, Brasil)

Ferraz, Lucas
    Injustiçados : Execuções de militantes nos tribunais revolu-
cionários durante a ditadura / Lucas Ferraz — 1ª ed. — São Paulo :
Companhia das Letras, 2021.

    ISBN 978-65-5921-321-4

    1. Ditadura militar 2. História do Brasil I. Título.

21-74597   CDD-981

Índice para catálogo sistemático:
1. História do Brasil   981

Aline Graziele Benitez – Bibliotecária – CRB-1/3129

[2021]
Todos os direitos desta edição reservados à
EDITORA SCHWARCZ S.A.
Rua Bandeira Paulista, 702, cj. 32
04532-002 — São Paulo — SP
Telefone: (11) 3707-3500
www.companhiadasletras.com.br
www.blogdacompanhia.com.br
facebook.com/companhiadasletras
instagram.com/companhiadasletras
twitter.com/cialetras

*Às memórias
do meu irmão, Gabriel de Freitas Ferraz Araújo
(1989-2021), um injustiçado,
do meu pai, Ozório Ferraz de Araújo (1938-2016),
e de Luiz Maklouf Carvalho (1953-2020)*

— *E se a humanidade inteira rejeitar a Revolução? E se o povo, por quem lutas, recusar que os seus filhos sejam mortos? Deveremos matar, mesmo assim?*
— *Sim, se for preciso, e até que o povo compreenda. Também eu, amo o povo.*

Os justos, Albert Camus

O que foi feito, amigo, de tudo que a gente sonhou?
"O que foi feito deverá (de Vera)",
Fernando Brant e Milton Nascimento

Sumário

Premissa — A luta pela memória...... 11

ATO 1. Fizeram um tribunal para julgar uma conduta
*Caso Paulinho; a delação de Hermes; sucesso
e derrocada armada*...... 22

ATO 2. A síndrome de Severino
*Tavares derruba o Velho; a nova e última ALN;
militares profissionalizam o bote*...... 45

ATO 3. "A revolução não admitirá recuos"
*Márcio é o primeiro justiçado; o pacto de sangue;
a debandada*...... 67

ATO 4. Combate, sangue e morte
*Elza e os justiçamentos revolucionários; os inimigos
devem ser castigados*...... 87

ATO 5. Ninguém se livra da traição
*Carlos finge que vai, não foi; a máquina
indiscriminada*...... 104

ATO 6. Guerrilha mata o delegado da TFP
*O fim de Otavinho em Copacabana; revide abre
a espiral de violência* 122

ATO 7. Olho por olho, dente por dente
*Francisco é executado; o desamparo de Amparo;
os meninos da Aman dominam o jogo* 143

ATO 8. O traído é executado por traição
Salatiel é o último justiçado; o desespero no cerco final... 160

ATO 9. Os cães ladram na caravana final
*Infiltrados e traidores; justiçamentos no campo;
a mistificação* 176

Agradecimentos 195

Notas 199

Entrevistas e consultas 219

Bibliografia 221

Lista de siglas 227

Créditos das imagens 229

Índice remissivo 231

Premissa — A luta pela memória

Este livro trata dos justiçamentos que ocorreram dentro dos grupos de luta armada durante a ditadura, ou seja, a execução sumária de guerrilheiros considerados traidores como ato de justiça revolucionária, um tema que passou os últimos cinquenta anos — salvo raras e notáveis exceções — relegado a um limbo histórico, oficial e oficioso.

É sabido que o Brasil nunca cuidou de sua memória devidamente, e essa é apenas uma das razões para o esquecimento desses episódios. Ainda hoje, passado tanto tempo, trata-se de assunto não pacificado, que é explorado — ou omitido — a depender do interlocutor. De um lado, os ex-guerrilheiros evitam abordar essas feridas, consideradas tabu; de outro, militares e entusiastas da ditadura ainda estão empenhados em pintar seus inimigos da época como assassinos frios e cruéis — exagerando os feitos da guerrilha para justificar os crimes por eles cometidos no período.

A luta pela memória, em constante movimento no Brasil desde a redemocratização, ganhou outro capítulo com a eleição de Jair Bolsonaro, um ex-capitão do Exército que se notabilizou como defensor da tortura, da ditadura e das milícias, autor de reiterados ataques à democracia. Na presidência da República, Bolsonaro endossou mais uma velha e surrada tática usada pelos agentes da repressão ao explorar os justiçamentos.

Em julho de 2019, no sétimo mês de seu conturbado governo, o presidente atacou um crítico apresentando mais um tópico à extensa lista de mentiras sobre o assunto: sem nenhuma base documental e alegando genericamente que ouvira a informação de uma pessoa cuja identidade não revelou, ele acusou a esquerda de ter executado o militante Fernando Augusto de Santa Cruz Oliveira, integrante da Ação Popular, em 1974. Durante uma transmissão ao vivo em seu perfil no Facebook, Bolsonaro afirmou que Fernando tinha sido fuzilado por colegas guerrilheiros: "Muito fácil culpar os militares por tudo o que acontece. Até porque ninguém duvida, todo mundo tem certeza, que havia justiçamento. As pessoas da própria esquerda, quando desconfiavam de alguém, simplesmente executavam".

Seu propósito era atacar o presidente da Ordem dos Advogados do Brasil, Felipe Santa Cruz, filho de Fernando e que tinha apenas dois anos quando o pai desapareceu. Pela primeira vez em mais de 45 anos, o assassinato do militante era apresentado como um caso de justiçamento. Nem mesmo a ditadura, que sempre tratou de demonizar a esquerda, tinha difundido essa versão. Pelo contrário: as informações disponíveis em documentos oficiais do Estado diziam que Fernando tinha sido preso pelo Exército ou que estava na clandestinidade.

Detido no DOI do Rio de Janeiro em fevereiro de 1974, Fernando teve um fim semelhante ao de centenas de opositores. Um ex-agente da repressão contou que ele foi assassinado e seu cadáver desapareceu, o que coincide com o relato de outro policial que serviu o aparato repressivo: o corpo do pai do presidente da OAB, ao lado de outros onze militantes, foi incinerado no forno de uma usina de açúcar de Campos dos Goytacazes, no interior fluminense.[1]

Bolsonaro agiu — agora com a roupa de chefe de Estado — como os militares dos porões: culpou a esquerda por mortes perpetradas pela própria ditadura. Listas de guerrilheiros supostamente justiçados foram elaboradas aos montes pelo Exército, como se vê no livro intitulado *Orvil*, produzido com o aval da instituição, nos anos 1980, para registrar a versão dos militares sobre a luta armada. A publicação é reveladora de uma característica que ainda persiste nos quartéis: a falsificação histórica.

Um caso notório de militar empenhado em criar uma história paralela é o falecido coronel Carlos Alberto Brilhante Ustra. Um dos ídolos de Bolsonaro, Ustra chefiou uma unidade da repressão e tornou-se o único militar brasileiro considerado torturador pela Justiça por participação direta ou indireta em alguns dos crimes do período. Após ir para a reserva, Ustra publicou um livro, que virou best-seller, e criou um conhecido site da extrema direita. Ambos ajudaram a propagar muitas falsificações.

O objetivo — do coronel torturador, de Bolsonaro e dos muitos adeptos do autoritarismo dos quartéis — é tentar equiparar a violência dos dois lados numa infame teoria dos dois demônios.

O Brasil teve a segunda ditadura mais longeva (1964-85) da América Latina. Nesse período, os militares estrangularam as liberdades individuais e políticas, fecharam o Congresso, censuraram manifestações culturais e a imprensa, além de implementar uma pequena máquina de guerra contra os opositores — todos aqueles considerados de esquerda, ou comunistas, que colocavam em risco a segurança nacional. O total de mortos e desaparecidos sob responsabilidade de agentes do Estado é de pelo menos 434 — número oficial e conservador. A tortura atingiu mais de 20 mil pessoas, enquanto os presos políticos superam os 25 mil e os exilados, 10 mil.[2]

As ações armadas da esquerda começaram em 1966, se intensificando dois anos depois. O auge da violência entre guerrilheiros e a ditadura ocorreu entre 1969 e 1974, quando o regime organizou seu aparato repressivo e desencadeou uma guerra interna sem precedentes. Posta para fora da vida institucional, a esquerda, que não impôs resistência ao golpe consumado em 1º de abril de 1964 (a inação é reveladora da mentira, sustentada ainda hoje, de que partidos e grupos socialistas ou comunistas estavam prestes a tomar o poder), organizou-se em mais de trinta grupos, a grande maioria adepta da luta armada. As organizações tinham métodos diferentes, algumas formadas de integrantes provenientes das Forças Armadas, outras de quadros originários de siglas como o Partido Comunista Brasileiro, e havia ainda as que mesclavam uns e outros. O objetivo era um só: derrubar o regime. O passo seguinte variava entre implementar um governo socialista ou mesmo outra ditadura, revolucionária e popular, como as criadas nos países que influenciaram aquela geração — Cuba, China ou União Soviética. Algumas organizações defendiam ações armadas imediatas, outras optavam pelo trabalho junto da população, e havia ainda as que defendiam uma união desses procedimentos. Os guerrilheiros queriam mobilizar quadros para construir comandos revolucionários ágeis, capazes de levantar recursos — em assaltos a bancos, as chamadas "expropriações" — e deflagrar uma guerra irregular,* nas cidades e sobretudo no campo, até a queda do governo.

"As ações armadas da esquerda brasileira não devem ser mi-

---

* O termo "guerra irregular" se refere às ações guerrilheiras em áreas urbanas ou rurais, como as adotadas na luta armada, com o objetivo de enfraquecer ou derrubar a ditadura. Também incluem ataques às forças do Estado e execuções.

tificadas. Nem para um lado nem para o outro. Eu não compartilho da lenda de que no final dos anos 1960 e início dos 1970 nós (inclusive eu) fomos o braço armado de uma resistência democrática. Acho isso um mito", afirmou o historiador e ex-guerrilheiro Daniel Aarão Reis.[3]

Nos primeiros anos de atuação das organizações revolucionárias, em especial nas cidades, onde as atividades se concentraram, elas tiveram êxito sobretudo pelo fator surpresa, trunfo de toda guerrilha. A partir de 1969, no entanto, o jogo começou a se equilibrar, mostrando-se rapidamente favorável para os militares. Naquele ano, a estrutura repressiva da ditadura começou a profissionalizar-se.

A tortura virou política oficial de Estado, ainda que negada publicamente. Quem agia contra a pátria não tinha direitos, e isso implicava empregar o uso da força física para extrair informações — um resquício da escravidão que permanece vivo no manual informal de muitas polícias. Trata-se de um método apontado pelos militares como essencial para combater os grupos armados. Houve até uma aula para ensinar a melhor maneira de seviciar o inimigo. Evento único na história das Forças Armadas, reuniu cerca de cem pessoas, entre oficiais e sargentos das três Forças, na 1ª Companhia de Polícia do Exército, no Rio de Janeiro, em 8 de outubro de 1969 — no mês anterior, na cidade, o embaixador norte-americano Charles Elbrick fora sequestrado por guerrilheiros, a maior ação realizada pela esquerda armada na ditadura.

Na aula, dez militantes — presos políticos encarcerados na unidade — foram levados para um salão amplo. Primeiro, o público foi exposto a slides com imagens de diversas técnicas de tortura, depois começou a atividade prática. Os dez foram deixados de cuecas: foram submetidos ao esmagamento dos dedos com barras de metal, às palmatórias nas mãos e na planta dos pés, a choques elétricos (em que a intensidade dos choques aumenta se a pessoa estiver molhada) e ao pau de arara, instrumento que mereceu uma detida explicação: nele, a eficácia da tortura aumenta se a vítima receber concomitantemente golpes de palmatórias e choques elétricos.[4]

Ainda em 1969 foi inaugurada em São Paulo a Operação Bandeirante (Oban), coordenada pelo Exército, financiada por empresários que apoiavam a ditadura e composta de policiais militares e civis. A experiência foi bem-sucedida e influenciaria a criação, em várias capitais, dos chamados DOI-Codi, os Destacamentos de Operações de Informações-Centros de Operações de Defesa Interna. Os militares ainda teriam centros de inteligência dedicados à repressão — o CIE, do Exército, o Cisa, da Aeronáutica, e o Cenimar, da Marinha, considerado um dos mais eficientes —, enquanto a presidência da República receberia o auxílio do Estado-Maior das Forças Armadas e de um monstrengo chamado Serviço Nacional de Informações, o SNI, serviço secreto que teria ramificações em diversas instâncias federais e estaduais.

Na virada de 1973 para 1974, graças ao aparato repressivo, a guerrilha urbana estava dizimada, com a maioria dos guerrilheiros mortos, presos ou exilados. Naquele ano, os militares acabaram também com a guerrilha rural no Araguaia, conduzida pelo PCdoB e única do gênero a sair do papel. O surto armado da esquerda fora definitivamente abafado, embora as violações cometidas pelas Forças Armadas tenham prosseguido até a década seguinte.

Os justiçamentos de guerrilheiros entraram na ordem do dia da esquerda a partir de 1971, quando se inicia o período que historiadores consideram a fase terminal da guerrilha brasileira. Foi um momento crítico, marcado pelo isolamento popular, com indivíduos e organizações vivendo em situações extremas e caçados pelos órgãos da repressão. Era o momento do cerco e do desespero. A população, que desfrutava os primeiros sinais do milagre econômico, não queria saber de revolução. As principais lideranças estavam presas ou mortas, e os quadros que continuavam nos grupos armados, cada vez menores, eram jovens e despreparados que insistiram em levar adiante uma estratégia de enfrentamento irrealista, atitude classificada por um pesquisador do período como "suicídio revolucionário".[5]

Nessa fase, os guerrilheiros iniciaram ações de vingança para punir os inimigos, que poderiam ser policiais, militares e civis que colaboravam com a repressão e quem quer que fosse considerado traidor — caso dos militantes que passaram a colaborar com a ditadura ou cujo comportamento errático, julgamento feito sempre pelos próprios guerrilheiros, tornava-se um risco à própria causa. Foi nesse contexto que a esquerda iniciou em 1969 os tribunais revolucionários, prática que seguiria até 1973.

Como aconteceu em outros eventos históricos, da Independência dos Estados Unidos às revoluções comunistas do século xx, uma parte da esquerda adotou no Brasil a execução como ato de justiça revolucionária — definição dos justiçamentos. São quatro os casos de guerrilheiros executados pelos colegas, confirmados e reivindicados pelos grupos armados, número que condiz com a dimensão restrita da luta armada brasileira: Márcio Leite de Toledo, Carlos Alberto Maciel Cardoso, Francisco Jacques de Alvarenga e Salatiel Teixeira Rolim. Eles são os personagens centrais desta história, embora outros episódios e execuções — de torturadores abatidos pela guerrilha a militantes assassinados pelos militares — se entrelacem e ressoem diretamente nos seus destinos, sendo também descritos a seguir.

De origens diversas, os quatro foram assassinados pelos companheiros após serem presos e torturados pela repressão. Todos eram inocentes: não tinham cometido os crimes de traição atribuídos a eles nos tribunais revolucionários que os julgaram à revelia. Os quatro nunca foram reconhecidos pelo Estado como vítimas da ditadura.

Desde então, suas histórias estão num limbo. Dois aspectos contribuíram para a situação. O primeiro, a legislação em vigor no Brasil, que reconhece como vítima apenas quem foi alvo da violência estatal. Por isso, os familiares não conseguiram reparação nem o reconhecimento, em instâncias como a Comissão de Anistia do governo federal, de que eles foram vítimas de perseguição política.

No trabalho da Comissão Nacional da Verdade, concluído em 2014 — durante o governo da ex-guerrilheira Dilma Rousseff —, o último e mais completo levantamento do Estado sobre os crimes da ditadura, não há menção aos nomes de Márcio, Carlos, Francisco e Salatiel. Em dois anos e sete meses de investigação, a CNV se ateve exclusivamente aos crimes cometidos por agentes do Estado, seguindo a legislação. O relatório final elevou o número de mortos e desaparecidos em relação ao balanço oficial anterior, de 2007, quando o governo Lula publicou o livro *Direito à memória e à verdade*. Nele, o único a merecer um verbete foi Carlos Alberto Maciel Cardoso. Salatiel e Francisco são citados lateralmente, enquanto Márcio nem sequer é mencionado.

O segundo fator para o esquecimento é a postura de ex-guerrilheiros que preferem evitar o tema, seja por vergonha, por temerem revanchismo ou para supostamente proteger a imagem dos colegas envolvidos que já não estão mais aqui. Muitos não reconhecem, em tempos democráticos, os crimes reivindicados abertamente pelos grupos armados durante a ditadura.

O propósito desta pesquisa não é recontar a história da ditadura ou da resistência armada que a desafiou — há uma vasta e completa literatura a respeito —, mas o de narrar os justiçamentos cometidos pelos guerrilheiros e produzir uma memória histórica sobre as vítimas.

Comecei a reunir informações sobre esses casos a partir de 2007, em Brasília, onde acompanhei como repórter a abertura de novos arquivos da repressão. Entrei nesse universo a partir da história de um dos principais agentes duplos da ditadura, José Anselmo dos Santos, o Cabo Anselmo, militar que teve papel fundamental na crise que desembocou no golpe contra João Goulart em 1964, tornando-se referência da esquerda brasileira e latino--americana até terminar sua aventura como um dos grandes delatores da luta armada.

Anselmo sempre sustentou que mudou de lado — e passou a colaborar com a repressão — em 1970, quando foi preso pela equipe do delegado Sérgio Paranhos Fleury, um dos principais agentes da repressão, que lhe teria dado duas alternativas: ou colaborava ou morria. Há indícios, contudo, de que sua colaboração se iniciou antes do golpe. Seja como for, o ex-marinheiro de primeira classe — que entrou para a história como cabo — foi peça importante na desarticulação da esquerda armada. Estima--se que mais de vinte guerrilheiros tenham sido executados e um número incalculável deles tenha sido preso graças ao seu trabalho de delator.

Conheci Anselmo numa fria tarde de inverno em 2009, em São Paulo, quando ele se dirigia à 8ª Vara da Justiça Federal, na avenida Paulista, para realizar um laudo pericial papiloscópico que deveria provar que ele era mesmo José Anselmo dos Santos. Com um jeans surrado e um moletom números acima do seu, Anselmo, à época com 67 anos, mostrava-se frágil, coxeando de uma das pernas, reclamando de dores no estômago e de uma hérnia duodenal. Ele usava uma identidade falsa desde a década de 1980, fornecida pelos antigos chefes. Sua certidão de nascimento, registrada num cartório em Itaporanga d'Ajuda, no interior de Sergipe, onde nasceu, havia sido destruída décadas antes num incêndio.

O exame fora requerido pela Comissão de Anistia do governo federal, por meio da qual o ex-militar pleiteava um pedido de anistia política e indenização. Antes de se transformar no Judas da guerrilha, o que não tinha como negar, ele alegava ter sido um perseguido político — seu nome de fato constava entre os banidos do primeiro Ato Institucional da ditadura, publicado dias depois da quartelada civil-militar. Seu pedido acabou negado pela comissão do Ministério da Justiça em 2012, decisão baseada em documentos e testemunhos que indicavam sua colaboração pré-golpe.

O intrigante na conturbada trajetória de Anselmo era o fato de o agente duplo ainda estar vivo após entregar tantos guerrilheiros à morte. Por que ele foi não justiçado?, eu perguntava a mim mesmo. "No começo, tive medo de aparecer e ser assassinado. Hoje não tenho medo de mais nada", diria Anselmo em 2011.[6] Descobri, depois, que não se tratava de exceção: nenhum dos delatores da esquerda foi alvo de um tribunal revolucionário, nem mesmo os que foram descobertos durante a luta armada, quando o ato ainda fazia algum sentido na lógica guerrilheira. Os únicos justiçados seriam os quatro inocentes, Márcio, Carlos, Francisco e Salatiel.

Seus assassinatos já estão prescritos, segundo a legislação brasileira. Uma eventual responsabilização judicial enfrentaria resistência da Lei da Anistia, promulgada em 1979 e que anistiou todos os que cometeram crimes "políticos ou conexo com estes" entre 1961 e 1979. A legislação garante aos ex-guerrilheiros — a maioria já punida com a prisão ou o exílio — a mesma proteção dada aos militares acusados de crimes no período.

Alguns dos personagens envolvidos nas histórias descritas a seguir se recusaram a dar seu testemunho, mas outros tantos protagonistas foram entrevistados e são fontes primárias. O livro se baseia ainda em depoimentos de outros ex-guerrilheiros, de familiares das vítimas e de militares do aparato repressivo, além de documentos e cartas de militantes e das Forças Armadas. Escora-se também em investigações do Estado e da sociedade civil realizadas nas últimas décadas, livros e reportagens. As referências estão indicadas nas respectivas notas. Os mais irredutíveis em falar sobre o passado (para uns poucos, a palavra mais apropriada é "sectários") chegaram a levantar suspeitas sobre a intenção do autor — uma ex-guerrilheira dizia em 2012 que ainda "não era o momento para contar a história" dos justiçamentos.

Felizmente, nem todos pensam assim. Um ex-militante que pegou em armas contra a ditadura, ao saber que alguns dos antigos colegas evitavam falar sobre o "lado *dark* da luta armada",[7] me sugeriu apelar a uma frase famosa da esquerda do século XX, pichada nos muros de Paris em 1968 e cuja autoria já foi atribuída a Antonio Gramsci, George Orwell e Ho Chi Minh: "A verdade é revolucionária".

ATO 1. Fizeram um tribunal para julgar uma conduta

Caso Paulinho; a delação de Hermes; sucesso e derrocada armada

Antônio entrava no segundo mês de uma estratégia de sobrevivência que o obrigava a alternar as noites em diferentes pensões do centro de São Paulo, cidade que conhecia bem e por onde costumava flanar. Esperava por notícias, qualquer uma que o tirasse do isolamento no qual se encontrava. Sua única companhia naqueles dias de outubro de 1969 era o irmão mais novo, Osni, que o escoltava nos deslocamentos mais complicados e quase sempre era seu motorista. Armados, os dois tratavam de evitar a polícia e não chamar a atenção.

Um dos guerrilheiros da luta armada, Antônio Nogueira da Silva vivia o auge de uma encruzilhada pessoal e revolucionária.

Numa tarde de sábado em que passava de carro com Osni pela avenida Paulista, ele avistou na calçada um colega que também integrava a recém-criada VAR-Palmares, uma das tantas organizações clandestinas de esquerda, cujo nome se inspirava na luta dos escravos no quilombo mais famoso do século XVII. Conhecido como *Paulinho*, codinome que contrastava com seu porte alto e viril, Antônio não pestanejou.[1] Desceu do carro e foi atrás do camarada.

Afastado do grupo havia mais de sessenta dias após uma desavença com os demais integrantes, Antônio acompanhava pelos jornais os desdobramentos do sequestro do embaixador norte-americano Charles Elbrick, no mês anterior, ação que parou o país. Interessava-se sobretudo pela repercussão internacional, com os militares — o país era governado por uma Junta Militar após o marechal Costa e Silva sofrer uma isquemia cerebral — obrigados a ceder aos guerrilheiros.

A novata VAR nada tinha a ver com o episódio, mas a ação entusiasmou toda a esquerda. Era, para muitos, a prova de que a luta armada poderia enfrentar o regime que completava cinco anos e endurecia gradualmente. As organizações descobriram nos sequestros uma maneira de trazer sua luta à cena pública, já que a imprensa dava cobertura ao tema, mais do que suficiente para desmoralizar a ditadura. O rapto de Elbrick, contudo, seria o prenúncio do fim.

Antônio estava na clandestinidade desde janeiro de 1969, quando a queda de militantes próximos obrigou que ele, a esposa Maria e os três filhos (que tinham entre dois e seis anos) abandonassem o grande sobrado da rua Dronsfield, no bairro paulistano da Lapa, onde viviam. Parte do aluguel era bancada pela organização, que utilizava o imóvel para reuniões e para esconder bombas, armas, documentos e veículos. Antônio sumiu sem dar satisfação para o laboratório farmacêutico onde trabalhava como representante comercial.

Desde o seu engajamento num grupo armado contra a ditadura, em 1966, já casado e com filhos, ele optara pela militância familiar. Apesar dos riscos, era uma estratégia comum para muitos naquele tempo: além do apoio afetivo, tratava-se de uma forma de despistar a repressão simulando um núcleo familiar como qualquer outro. Muitos decidiram romper definitivamente os laços sociais, convivendo apenas com os colegas de armas. Maria nunca se envolveu diretamente na resistência, mas deu cobertura para o marido quando necessário. Ela chegou a montar numa das salas do sobrado um mostruário de costureira para despistar os vizinhos mais indiscretos.[2]

A Vanguarda Armada Revolucionária-Palmares foi fundada em julho de 1969 após um estrepitoso racha na esquerda, um dos tantos que deixaram sequelas.[3] A organização surgiu de uma fusão do Colina — sigla do Comando de Libertação Nacional, originalmente formado em Minas Gerais e onde militou uma jovem de nome Dilma Rousseff — com a VPR, a Vanguarda Popular Revolucionária, agremiação que reunia ex-praças das Forças Armadas e socialistas, da qual Antônio fazia parte. A VAR-Palmares debutou dando um dos maiores golpes da história do terrorismo internacional:* o roubo nas ladeiras de Santa Teresa, no Rio, de um cofre com 2,6 milhões de dólares pertencente ao ex-governador paulista Ademar de Barros. O butim estava escondido na casa de uma amante de Ademar.

Foi logo após o assalto, outro episódio a gerar celeumas na esquerda, que Antônio se desentendeu com os colegas. Tudo começou com uma nova tarefa recebida: ele deveria se mudar — com ou sem a família — para o Centro-Oeste do país, onde iria

---

* Como explica Elio Gaspari, à época usava-se os termos "terrorismo", "terror" e "terrorista" para classificar as atividades dos grupos clandestinos. Alguns guerrilheiros chegaram a reivindicar a definição em documentos. Os termos continuam tendo um sentido pejorativo, como na ditadura, mas atualmente definem organizações (como a Al-Qaeda ou o Estado Islâmico) e atos completamente diferentes dos daqueles tempos. Gaspari aponta que o terrorismo brasileiro, tanto de esquerda (salvo o atentado de Guararapes em 1966) como de direita, jamais praticou atos que visassem atingir indiscriminadamente a população. Ver Elio Gaspari, *A ditadura escancarada*, p. 55.

coordenar uma futura área da VAR que seria destinada ao desenvolvimento da tão sonhada guerrilha rural.

Aos 33 anos, veterano perto da idade média dos participantes da luta armada, Antônio, vulgo Paulinho — como muitos se recordam dele —, era colecionador de armas e um exímio atirador, credenciais que o levaram para o setor de logística. Ele ensinava os novatos a atirar e periodicamente reparava os revólveres do grupo. A atuação de Antônio já tinha chamado a atenção dos órgãos de segurança antes de sua clandestinidade. Um relatório do Exército o considerou um "elemento perigoso" após participar de assaltos como os realizados em dezembro de 1968 numa agência do Banco do Estado de São Paulo, no bairro de Pinheiros, e numa casa de armas no centro[4] da capital paulista. Essas ações, chamadas "expropriações" no linguajar revolucionário, tinham o objetivo de levantar fundos e armas para a luta contra os militares. Meses mais tarde, unidades do regime que monitoravam a esquerda no Rio de Janeiro receberam um informe alertando que Antônio costumava custodiar explosivos, munições e armas. A inteligência da ditadura tinha cada vez mais informações a seu respeito. Continuar em São Paulo, ainda mais com a família, o transformava em um alvo fácil.

A casa de sua mãe, nos Jardins, onde ainda morava Osni, foi invadida pela polícia em fevereiro de 1969. Os dois estavam viajando, mas os agentes roubaram roupas e eletrodomésticos, saquearam a despensa e ainda deixaram alagado o primeiro piso do imóvel.[5]

O primeiro desentendimento de Antônio foi com Chizuo Osava,[6] o *Mário Japa*, um jovem nissei de fala tranquila, formado militarmente em Cuba e um dos dirigentes da VPR. Quadro discreto e respeitado pelos demais, Japa continuaria tendo seu cargo de direção na VAR, responsável pela expansão do novo grupo. Foi ele quem comunicou Antônio sobre a mudança de setor, decisão que tinha o endosso de todos os demais dirigentes. Clandestino, o militante deveria se mudar para desenvolver um trabalho no campo, onde todos acreditavam estar o futuro da revolução brasileira. Era lá, uma região desabitada no centro do Brasil, que nasceria uma nova nação. A guerrilha rural estava nos planos de praticamente todas as organizações, mas apenas uma sairia do campo das ideias, anos mais tarde, no Araguaia. Além de ajudar na vanguarda revolucionária, Antônio tomaria medidas de segurança, evitando continuar numa cidade vigiada como São Paulo, sob o risco de ser preso, torturado e eventualmente fornecer informações sensíveis sobre a atividade dos colegas. O importante era resguardar — a si mesmo e a organização. Com a mulher e as crianças, poderiam se camuflar como uma família de pequenos agricultores que desbravava o Centro-Oeste, um eldorado do novo Brasil da ditadura.

Alguns camaradas insistiram para Antônio romper definitivamente os laços familiares, como pregava a cartilha guerrilheira que embalou aquela geração: a revolução deveria estar acima de tudo, principalmente das vontades individuais. Ou não seria uma revolução.

Indeciso, ele preferiu ganhar tempo.

"Quando ele me contou a nova função, vi que daria merda", disse Osni. O irmão afirma que Antônio era um tipo muito urbano, de se importar com banheiro e fio dental. "A única vez que foi caçar, voltou doente, com ameba. Sozinho ele não tinha condições para a vida no campo, como iria levar a família?"

Dez anos mais novo, Osni nunca aderiu à luta armada, mas sempre socorreu o irmão nos apertos. Foi ele quem encontrou a área que poderia ser usada para o treinamento guerrilheiro, na divisa entre Goiás e Mato Grosso: tratava-se de uma velha fazenda no município mato-grossense de Cocalinho. Conhecida como Barra do Rio do Peixe, a região ainda era preservada pela mata.

A ela só se chegava de barco, pelas tranças do rio Araguaia. O proprietário era um fazendeiro entusiasta da esquerda, parceiro de pescaria de Osni.[7]

Encontrado o terreno, os guerrilheiros impuseram uma nova condição: só Antônio, teoricamente o responsável pela área, poderia coordená-la.

O impasse foi decisivo para a família deixar o país. Maria e as crianças preferiram diminuir os riscos e privações: embarcaram para a Itália, país de origem dela, em agosto de 1969. Antônio ficou, mas queria se juntar a eles em breve. Conseguiu um passaporte falso para uma eventual fuga. Imaginava contribuir com a luta armada radicado na Europa. Quem sabe não seria uma espécie de embaixador da futura revolução brasileira?

Sua situação naquele mês se agravou quando ele perguntou a Mário Japa se a VAR poderia ajudar financeiramente Osni, que planejava passar uma temporada no Japão estudando artes plásticas. Seria uma espécie de recompensa pelo terreno e uma maneira de preservar o irmão. O acordo inicial não tratava de venda: a área no Mato Grosso seria cedida para Antônio, que por sua vez a usaria para treinar os futuros quadros da campanha rural. Japa e os demais dirigentes consideraram o pedido uma afronta, uma clara tentativa de chantagem.[8]

A recusa em cumprir uma tarefa trazia consequências, Antônio sabia. Poderia ser considerada um ato de indisciplina, uma atitude antirrevolucionária ou mesmo traição. Ainda em agosto, semanas depois de se despedir da família, ele explicou aos colegas que não se mudaria para o Centro-Oeste:

"Não tenho condições psicológicas de ir."[9]

Foi o início do distanciamento de dois meses, encerrado naquela tarde de outubro quando, do carro, ele avistou José Raimundo da Costa, o Moisés. Antônio o alcançou numa rua paralela à avenida Paulista.[10]

"Você foi expulso. Fizeram um tribunal para julgar sua conduta e o denunciaram por não ter aceitado ir para o campo", contou Moisés, que não teria muito tempo de vida pela frente. Foi executado por agentes da repressão no Rio de Janeiro menos de dois anos depois, graças a um dos principais dedos-duros da ditadura.[11] Detido no DOI, Moisés foi enterrado com uma identidade falsa no cemitério de Ricardo de Albuquerque, na Zona Norte da cidade.

Antônio conheceu dias depois os detalhes da expulsão, ao se encontrar com o amigo Eduardo Leite, o *Bacuri*, outro guerrilheiro que seria assassinado pela repressão dentro de uma unidade das Forças Armadas, após intensa tortura.[12] Conforme ouviu de Bacuri, Antônio havia sido acusado de embolsar parte do dinheiro da organização e de tentar chantageá-la. Fora considerado um "desbundado", termo emprestado da contracultura e que ganhou um sentido pejorativo na luta armada ao definir quem a abandonava.

Ele soube mais tarde que seu caso poderia ter acabado no paredão: houve quem defendesse a sua execução.

Se uma vida pudesse ilustrar o drama vivido em 1969 pela geração que pegou em armas contra a ditadura, a de Antônio caberia tanto na crônica de sucessos quanto na sua derrocada.

Ele começou o ano envolvido no que estava planejado para ser o maior e mais ousado atentado da esquerda contra o regime:[13] um bombardeio-relâmpago planejado pela VPR que atingiria o Palácio dos Bandeirantes, sede do governo paulista, o QG do II Exército, que já havia sido alvo do grupo meses antes, e a Academia de Polícia. O objetivo era causar terror na maior cidade do país semanas depois de o governo baixar o Ato Institucional nº 5, o decreto mais autoritário dos 21 anos de ditadura, que cassou o que restava dos direitos políticos e civis, instituiu oficialmente a censura à imprensa e aos meios cultural e artístico (que já existia desde o golpe de 1964) e fechou o Congresso Nacional. O AI-5 abafou ainda mais as possibilidades de participação política, atraindo mais gente para a guerrilha — o MDB, único partido reconhecido pelos militares como oposição formal, era visto por aqueles jovens como uma solução burguesa e insuficiente para enfrentar uma ditadura. O ataque, contudo, precisou ser adiado por uma casualidade.

Prevista para janeiro, a ação marcaria a entrada em cena de um novo personagem: o capitão do Exército Carlos Lamarca, de 32 anos, que se tornaria um dos dirigentes revolucionários de maior expressão da luta armada ao lado de Carlos Marighella, ex-deputado e fundador da ALN. Comandante de uma companhia do 4º Regimento de Infantaria em Quitaúna, na Grande São Paulo, Lamarca planejava fugir com alguns de seus colegas do quartel para se juntar ao grupo e participar das explosões. Eles roubariam o que pudessem do regimento: o capitão garantiu cerca de quinhentos fuzis, morteiros de 60 mm e munições. Se as previsões estivessem certas, era um arsenal suficiente para armar cada guerrilheiro da VPR com dois fuzis e ainda sobrar outros cem, algo impensável para qualquer uma das cerca de trinta organizações armadas que atuaram no Brasil entre 1966 e 1974.

Os ataques foram suspensos em meados de janeiro, quando a polícia descobriu quatro homens reunidos numa chácara em Itapecerica da Serra, a trinta quilômetros do centro de São Paulo. Eles pintavam no local, com as cores do Exército, um caminhão roubado que seria usado no assalto. Flagrados por uma criança da vizinhança que entrou na chácara por curiosidade, os guerrilheiros a puseram para correr. O garoto relatou o esporro aos pais, que chamaram a polícia.

Os órgãos de segurança demoraram três dias para descobrir a identidade dos detidos — um quinto guerrilheiro travestido de pintor conseguiu escapar. Desde a fracassada guerrilha do Caparaó, organizada por Leonel Brizola do exílio e que terminou em abril de 1967 sem ter dado um tiro e com a prisão de catorze militantes na serra homônima, em Minas Gerais, a repressão não aprisionava gente tão qualificada.[14] Um deles era o ex-sargento Pedro Lobo de Oliveira, treinado em Cuba e um dos participantes do ataque ao II Exército, que deixou um militar morto em junho de 1968. O outro era o ex-soldado paraquedista Hermes Camargo Batista, um dos responsáveis pelo setor de logística da VPR, o mesmo onde atuava Antônio.

Nos três primeiros dias, os detidos sustentaram que eram contrabandistas que levariam peças de um estaleiro da Petrobras. Quando se descobriu quem eram, Lamarca já se tornara um desertor do Exército.

O capitão e outros três militares escaparam numa Kombi com 63 fuzis FAL e três submetralhadoras INA, além de alguma munição — foi tudo o que conseguiram de última hora. Parte do material acabou no sobrado da rua Dronsfield, uma das bases da VPR em São Paulo.

Fundada em 1968 como uma organização político-militar que pretendia fundir as ideias de Lênin e Che Guevara, a Vanguarda Popular Revolucionária também vislumbrava a guerrilha no campo. Dos cerca de duzentos integrantes nas principais cidades do país, cinquenta eram guerrilheiros em tempo integral,[15] como passou a ser a situação de Antônio na clandestinidade. Uma das estratégias iniciais das organizações previa cautela ao recrutar muita gente para a causa. O objetivo era constituir grupos armados preparados para a guerra irregular, capazes de levantar recursos financeiros para montar as bases no campo. A luta armada no Brasil acabou se concentrando majoritariamente nas grandes cidades, mobilizando na linha de frente (as ações armadas) cerca de

1500 guerrilheiros —[16] a população do país, à época, era estimada em 93 milhões de habitantes.[17]

O armamento roubado por Lamarca acabou distribuído posteriormente para outros grupos e ganhou uma reputação mítica entre os guerrilheiros. Usado numa das tentativas da esquerda de formar uma frente ampla entre diferentes siglas para atuar em conjunto contra o regime, foi alvo de disputas e rivalidades que permaneceram por muitos anos. O seu final, no entanto, foi melancólico: o último dos fuzis seria encontrado em 1978 num terreno baldio dos Jardins, em São Paulo, apreendido com um antigo militante que sobrevivia roubando carros.[18]

Nas quedas em Itapecerica da Serra, a repressão conseguiu transformar Hermes Camargo Batista — um ex-militar, condição que favoreceu a investida — em fiel colaborador. Isolado dos demais, ele foi pressionado a fechar um acordo após dias de tortura.[19] Reconhecido pela prodigiosa memória, o primeiro delator da VPR entrou na folha de pagamentos da repressão — como aconteceria com outros ex-guerrilheiros no futuro — e causaria muitos problemas também para a VAR, que nasceria a partir da organização.

"Ele entregou o que sabia, o que tinha ouvido falar e o que não sabia", disse Ismael Antônio de Souza,[20] outro dos detidos em Itapecerica da Serra. Muitos integrantes só teriam noção da gravidade das informações reveladas décadas depois da delação.[21]

Hermes conhecia os segredos de muitos militantes. Nascido em Araçatuba, era conterrâneo de Antônio e próximo de sua família. Além de frequentar a casa da Lapa, fora parceiro de travessuras de Osni durante a infância e a juventude no interior paulista.

A queda mais expressiva provocada pela delação de Hermes foi a de Onofre Pinto, dirigente da VPR e outro militar que desertara para ingressar na luta armada. Não demorou para que metade das armas roubadas no 4º RI fosse recuperada. Mas o armamento guardado na casa de Antônio foi resgatado a tempo por dois militantes nos dias em que ele e a família se preparavam para abandonar o imóvel e partir para a clandestinidade.[22]

Até ser designado para o setor rural da VAR, Antônio, a mulher e os filhos se revezaram em imóveis utilizados pela organização em São Paulo, em sítios do interior do estado — um deles providenciado por Osni — e no litoral, mais especificamente no Guarujá, onde eles se hospedaram num pequeno apartamento da família Iavelberg, cujos irmãos Samuel e Iara também estavam envolvidos na guerrilha.[23] Os três filhos pequenos ficariam com a lembrança dos deslocamentos sempre nervosos.

Como Antônio recusou a mudança para o Centro-Oeste, o terreno que seria transformado em campo de treinamento foi descartado pela organização.[24] Uma nova área só seria encontrada no final de 1969 no Vale do Ribeira, região mais atrasada do interior paulista. A atividade por lá, contudo, durou pouco e envolveu menos de vinte pessoas,[25] que foram submetidas a um rígido treinamento comandado por Lamarca, com formação marxista, técnicas de sobrevivência na mata, tipos de marchas e análises da topografia, além de primeiros socorros e manuseio de armas e explosivos. Após o treinamento, esses militantes deveriam ser designados para outras áreas do país, multiplicando a presença dos quadros armados no interior.

Esse era o plano, mas entre abril e maio de 1970, depois de informações obtidas por meio de tortura e de uma delação, o Exército montou uma megaoperação para prender os participantes que ainda se achavam no Vale do Ribeira. O efetivo enviado — estimado em 2 mil homens de dez unidades diferentes das três Forças Armadas e da polícia, incluindo paraquedistas e helicópteros — acabou levando um drible histórico. O arquiteto da fuga foi o próprio Lamarca: organizados em pequenos grupos, os guerrilheiros começaram a deixar a área com passagens compradas em um ônibus comercial. Junto com o ex-capitão, outros sete permaneceram no vale para tentar salvar armas, munições e equipamentos. Após dispersões e prisões, sobraram Lamarca e outros três. Apesar de famintos e das armas enferrujadas, eles renderam um caminhão do Exército, vestiram as fardas militares e furaram o cerco, conduzindo tranquilamente o veículo a São Paulo, onde o abandonaram — na carroceria, ficaram amarrados e amordaçados um cabo e quatro soldados.

A fuga, no entanto, deixou um militar morto. Era um tenente da Polícia Militar, de 23 anos e sem nenhuma experiência de combate, executado a coronhadas de fuzil e pauladas na cabeça (o crânio esfacelou-se).[26] Seu corpo foi enterrado em uma cova rasa numa mata do Vale do Ribeira. O argumento era que o tenente precisava ser morto para evitar que revelasse a posição do grupo — houve até um tribunal fictício, inventado para dar à execução o caráter de um suposto justiçamento.[27]

A motivação divide os historiadores do período. Jacob Gorender considerou o episódio uma "questão de quem devia sobreviver": se o grupo o liberasse, argumentou, provavelmente condenaria a si mesmo ao aniquilamento. Elio Gaspari acha esse raciocínio inconsistente:[28] "Tropas combatentes não matam seus prisioneiros. Tropas guerrilheiras também não. [...] Lamarca cruzou a linha que separa o guerrilheiro do bandido, transformando o prisioneiro num refém". Como exemplo, citou a experiência, na guerrilha na Bolívia, de Che Guevara, que deixou todos os seus prisioneiros no mato, vivos.

A curta experiência no Vale do Ribeira acabou sendo a única e mais próxima ação que a vpr teve da guerrilha rural, a "nossa panaceia estratégica", como diria anos depois Mário Japa.[29]

Ainda em 1969, no dia 4 de setembro, ocorreu o maior golpe aplicado pela esquerda contra a ditadura, quando a ALN e o MR-8 sequestraram no Rio de Janeiro o diplomata Charles Elbrick. Tratava-se de uma parceria entre a Ação Libertadora Nacional de Carlos Marighella, a maior organização da luta armada, e o Movimento Revolucionário 8 de Outubro — referência à data da execução de Che Guevara —, também formado por militantes que, como Marighella, haviam deixado o Partido Comunista Brasileiro, que perderia inúmeros quadros naquela década por se opor à luta armada. Num curto manifesto, os raptores avisaram: "A vida e a morte do sr. embaixador estão nas mãos da ditadura. Se ela atender a duas exigências, o sr. Elbrick será libertado. Caso contrário, seremos obrigados a cumprir a justiça revolucionária".

Uma das exigências era que o sequestro fosse anunciado na imprensa, o que ocorreu no dia seguinte. A outra era a libertação de presos políticos — quinze nomes foram apresentados —, o que provocou um intenso debate no interior do governo brasileiro. Pressionado por Washington, que queria seu representante vivo, o regime cedeu.

A justiça revolucionária a que se referia o comunicado — o assassinato era a pena mais comum, mas não a única — deveria ser empregada contra os inimigos da revolução socialista, caso de representantes do imperialismo como Elbrick, e contra os traidores, fossem eles militantes ou não. O julgamento fazia parte da cultura revolucionária, e sua dimensão era ampla.

Quatro dias antes do sequestro, a VAR-Palmares anunciou num curto documento encaminhado aos seus integrantes que também aplicaria a justiça revolucionária. Após Mário Japa discutir o caso de Antônio com os demais dirigentes, a organização determinou a formação de um tribunal para julgá-lo. Não era o único pedido do gênero naqueles dias.

Ainda em agosto, a VAR lidou com uma inusitada acusação

vinda da Bahia contra um dos seus dirigentes regionais, por violação das regras de segurança. O alvo era Amílcar Baiardi, denunciado por ter encontros amorosos com uma camarada (casada, como ele) num "aparelho" — assim eram chamados apartamentos ou casas usados como esconderijos — localizado em Salvador. O marido traído, também militante, queria o fuzilamento de Baiardi. O guerrilheiro Antônio Roberto Espinosa, um dos dirigentes, foi destacado para ir à Bahia a fim de verificar a situação.

Militante experiente e respeitado entre os pares, Baiardi integrava o comando e era o responsável por dar cobertura aos colegas e escrever o texto que anunciaria a execução por engano do major do Exército alemão Edward Ernest Tito Otto Maximilian von Westernhagen. Filho de uma família da nobreza militar remediada da Alemanha, Von Westernhagen participava em julho de 1968 de um curso na Escola de Comando e Estado-Maior do Exército, no qual estava matriculado o verdadeiro alvo, o militar boliviano Gary Prado, que participara, no ano anterior, da captura de Che Guevara na Bolívia. Apesar de não estar presente na desastrada ação, Baiardi e os demais guerrilheiros tentaram encobrir o erro divulgando a versão de que o alemão tinha sido fuzilado por causa de seu passado nazista — conexão fantasiosa, a não ser pelo fato de seu sogro ter sido um general da ss, a tropa de elite da máquina de Hitler. O silêncio sobre o crime só terminou na segunda metade dos anos 1980, quando Jacob Gorender o desvendou no seu livro *Combate nas trevas*.[30]

O pedido do marido traído para que o colega fosse executado era revelador do autoritarismo que contaminou o coração e a mente de muitos militantes, mas a falha de segurança era inegável, conforme relatou Espinosa, o investigador do *affair* baiano.[31] O impasse foi resolvido pacificamente: Baiardi foi transferido para o Rio, terminou o casamento e nunca mais viu a colega com quem furou a segurança.[32]

No caso de Antônio, o tribunal convocado pela VAR iria julgar sua conduta nos tempos da antecessora VPR, que transferiu à nova organização boa parte dos militantes e suas supostas falhas. Era o primeiro tribunal do gênero contra um adepto da luta armada. Foi também o único a ser registrado em uma ata.

A denúncia listava três acusações:[33] Paulinho — ele seria tratado pelo codinome — se recusou a cumprir uma tarefa considerada "vital para o processo revolucionário", comprometendo a organização; encaminhou de forma "paralela e clandestina" seu desligamento da luta armada, planejando fugir para o exterior.[34] Era ainda acusado de chantagear os colegas, imputação que ia do pedido de ajuda ao irmão aos "gastos exorbitantes" na clandestinidade, o que Antônio e os filhos sempre negaram.

O julgamento ocorreu no dia 24 de setembro em um apartamento em Copacabana, no Rio. Oito testemunhas foram ouvidas, informa a ata, que, por ter sido reproduzida, sobreviveu nos arquivos da repressão e entre ex-militantes, embora omita o número total de participantes e seus respectivos nomes. Um dos presentes disse que o tribunal não reuniu mais de vinte pessoas.[35] A repressão, nos informes que produziu sobre o caso, não faz menção a respeito.

O júri não poderia adotar "critérios burgueses", que não diferenciam se quem roubou é rico ou pobre — nesse caso, seria importante saber se ele o fez para comer, ressalta o documento. O julgamento iria se basear na moral revolucionária e em concepções marxistas de justiça, levando em conta a inexperiência do réu e o fato de ser o primeiro tribunal do gênero realizado pela organização. Antônio não estaria presente "por dificuldade de controle", ressaltou o grupo, talvez referindo-se ao fato de o réu estar na clandestinidade, mas aparentemente essa era a situação dos juízes e de todas as demais testemunhas ouvidas no processo. Antônio nunca soube a identidade do seu "advogado de defesa" no julgamento, outro inominado na ata.

O texto ressalta que o réu conhecia as normas que exigem "firmeza de posição que impossibilite recuos e vacilações", traça um breve histórico de suas indecisões na militância e o analisa psicologicamente:

> Os companheiros informam, unanimemente, que Paulinho é inseguro, mimado, dependente, sendo marcante sua instabilidade emocional. Atribuem em sua maioria o caráter de Paulinho à péssima formação em família. [...] Isso não impede que Paulinho tenha praticado atos que exigiam grande coragem e disponibilidade pessoal. Paulinho parece ser um indivíduo imaturo e pouco apto para enfrentar as responsabilidades que qualquer revolucionário enfrenta em geral. Além disso, sua mesquinhez e egoísmo são evidentes, desprezando os companheiros e a sua segurança, suas preocupações são voltadas muito mais para si e para a família que para as tarefas da revolução.[36]

Antônio já estava condenado antes do julgamento. Eram três as penas previstas: expulsão simples, expulsão com denúncia e fuzilamento. "A situação é particularmente grave pelo fato de que não podemos, por razões de força maior, aplicar penas intermediárias",[37] ressaltou a organização, ao sublinhar que a clandestinidade impedia a adoção de penas alternativas às apresentadas.

Nem todos os membros aceitaram os termos do tribunal. A guerrilheira Ieda dos Reis, conterrânea e amiga de Antônio desde a juventude, ameaçou denunciar todos os envolvidos caso ele fosse executado.

Dois meses antes, ela havia recebido Antônio e a família numa casa que abrigava guerrilheiros no bairro paulistano da Mooca. Ali ela disse ter entendido a "gravidade" da situação do amigo, angustiado por expor a família aos riscos da luta armada. Ieda e Antônio já questionavam a tática revolucionária e o consequente isolamento do período, quando eram "caçados como bandidos" pela repressão.[38]

Três guerrilheiros-juízes decidiram o futuro de Antônio. O único a defender seu fuzilamento foi Ladislau Dowbor, o *Jamil*, um dos teóricos da antiga VPR e autor de extensas análises sobre a guerrilha. Nascido na França e de origem polonesa, Dowbor reconstruiria sua vida como economista após a aventura armada. Ele não quis explicar, décadas depois, o porquê de seu voto.[39]

O veredicto coube à guerrilheira Maria Auxiliadora Lara Barcelos, que presidiu o julgamento: Antônio seria expulso com denúncia, o que significava ser alvo de uma campanha difamatória em todo o círculo revolucionário.

Mineira de Antônio Dias, *Dodora*, como era chamada desde os tempos de estudante em Belo Horizonte, foi presa menos de dois meses depois do tribunal. Na capital mineira, pertenceu à turma de Dilma Rousseff, de quem se tornara amiga. Dilma a citaria anos mais tarde, no Palácio do Planalto, ao discursar durante um ato da Comissão Nacional da Verdade. Dodora e outros dois colegas foram presos numa casa e levados para o quartel da Polícia do Exército, na Vila Militar do Rio.[40] Ela lembraria depois dos "intermináveis dias de Sodoma",[41] como classificou sua experiência na prisão. Os três foram torturados juntos assim que entraram no quartel. As agressões incluíam a obrigação de um violar o outro sexualmente. Depois, as sessões continuaram individualmente. Dodora recebeu palmatória nos seios, choques elétricos na vagina e espancamentos (inclusive na cabeça). Chael Charles Schereier, um dos dois guerrilheiros detidos, morreu na madrugada, após a pancadaria. O cadáver deixado no chão da Polícia do Exército com 53 marcas pelo corpo se tornaria um enorme problema para a ditadura, que se embananou numa série de declarações falsas com o objetivo de encobrir a morte do preso — em outros casos, os militares conseguiram simular o suicídio, fazendo uso da figura dos "suicidados" para se defender, uma realidade do regime por um longo período.

No caso de Chael, ele foi levado — já morto — da Vila Militar para o Hospital Central do Exército, mas o general que dirigia a instituição não aceitou que o cadáver entrasse como se o militante ainda estivesse vivo, uma maneira de simular a morte no hospital. O general ainda determinou que fosse feita uma autópsia. Além de excluir a hipótese de suicídio, a necrópsia atestava diversos ferimentos, como hemorragia na cabeça e sangue em todo o abdômen. O caso foi parar na capa da revista *Veja*, ganhando ampla repercussão à época. O governo, em resposta, recrudesceu ainda mais a censura contra a publicação, além de incentivar o uso de centros clandestinos para o trabalho sujo; em todo o país, durante a ditadura, existiram pelo menos dezessete unidades com esse fim.[42] O episódio serviu de lição para o Exército: nas mortes posteriores ocorridas em unidades militares ou policiais, oficiais ou não, o regime adotaria outro modus operandi. Nascia a figura do desaparecido, o guerrilheiro executado cujo corpo não existia.

Dodora deixou a prisão após o último sequestro de diplomata realizado pela esquerda no Brasil: o do embaixador suíço Giovanni Bucher, um bon-vivant conhecido na noite carioca. A ação, liderada por Carlos Lamarca, ocorreu catorze meses após o rapto de Elbrick — enquanto existiu, a tática se mostrou eficaz ao forçar a liberação de presos políticos e dar visibilidade à esquerda armada. Dodora viajou para o Chile em janeiro de 1971, ao lado de outros 69 presos libertados em troca da soltura do embaixador. Em Santiago, ela daria um impactante depoimento a dois documentaristas americanos sobre a tortura.[43] Após o golpe que derrubou o presidente chileno Salvador Allende, Dodora foi morar na Alemanha, onde se matou em 1976 ao se jogar nos trilhos do metrô de Berlim.

O acórdão do tribunal de Antônio concluiu que não houve "intenção consciente" dele em ajudar o inimigo. Os juízes reconheceram que, se quisesse, ele poderia ter causado danos ainda maiores. O militante queria satisfazer "seus próprios objetivos, não os da repressão". Tratava-se de um "crime de caráter doloso, não de traição".

Antônio era o primeiro militante de esquerda expurgado da luta armada em um tribunal revolucionário. Seu julgamento seguiu um padrão que se repetiria no futuro, no ambiente interno das organizações.

O surto armado da esquerda, iniciado em 1966 com a explosão de uma bomba no aeroporto dos Guararapes, no Recife, pegou o regime despreparado, embora fosse previsível desde os primórdios da ditadura. A ação realizada por militantes da Ação Popular (AP) à revelia do seu comando, que condenaria o ataque, pretendia matar o candidato à sucessão de Castelo Branco, o general Costa e Silva, que desembarcaria no aeroporto. A bomba matou duas pessoas, um almirante da reserva e um jornalista, e feriu outras catorze, entre elas um guarda, que teve a perna amputada, e o secretário de Segurança de Pernambuco, que perdeu quatro dedos da mão esquerda.[44]

Antes do atentado em Pernambuco, a esquerda brasileira já tinha manifestado sua inclinação para as armas em pequenas colunas guerrilheiras e em outras bombas que já tinham sido detonadas — em Pernambuco mesmo, inclusive —, mas nada até então comparável ao que pretendia ser o ataque contra Costa e Silva. Até o sequestro de Elbrick, realizado três anos depois, as ações tiveram certo êxito sobretudo pelo fator surpresa, o grande triunfo das guerrilhas. O jogo começou a ser equilibrado com a reestruturação dos órgãos de segurança e os novos instrumentos previstos no AI-5.

O ano de 1969 terminou com o assassinato de Marighella, inimigo número um da ditadura. A polícia chegou ao líder da ALN graças a informações obtidas sob tortura, já institucionalizada como política de Estado. Por decisão da cúpula militar (a ordem para matar passava pelos gabinetes dos presidentes ditadores), a guerra contra a esquerda seria aplicada ostensivamente a todos os que apoiavam ou promoviam a luta armada. O regime colocava sua violenta máquina repressiva para funcionar sem nenhum constrangimento.

Com a perda do pouco apoio popular que tinham no início e golpeados pela ditadura, os grupos revolucionários começaram a se dividir e a conviver com inúmeras dissidências. Aquele seria um ano crucial para o futuro da luta armada. O resultado foi um militarismo — jargão dos militantes para definir o radicalismo dominante na fase final — que custou ainda mais vidas, criando o ambiente de intolerância dos justiçamentos.

O episódio envolvendo Baiardi era uma liberalidade que colocava em risco os aparelhos e a integridade dos guerrilheiros. Descuidos dessa natureza resultaram em muitas quedas.

No caso de Antônio, sua fraqueza e indecisão eram impensáveis para alguém que propunha derrubar uma ditadura e tomar o poder.

Décadas mais tarde, Mário Japa reconheceu que o julgamento foi um "excesso", mas sua opinião sobre o ex-colega se manteve a mesma: tinha uma vida complicada e sempre impunha condições para continuar a militância. Preso em 1970 após capotar o carro em que transportava armas e documentos, Japa escapou da morte — praticamente certa para um guerrilheiro como ele —

graças ao sequestro de outro diplomata, o cônsul japonês, realizado naquele ano.

Conforme escreveu o ex-guerrilheiro e historiador Daniel Aarão Reis numa crítica à guerrilha brasileira,[45] o militante, quando inserido num partido comunista, deixa de ser uma pessoa "comum e corrente", tornando-se parte de um "corpo de elite que vai dirigir o processo de transformação do mundo". "O militante deve tudo à sua organização: uma nova concepção de mundo, padrões de orientação política, uma comunidade de companheiros, um conjunto de tarefas que [...] dão sentido a sua vida e até mesmo normas de comportamento."

Antônio transformou-se em inimigo ao recusar uma tarefa e dar sinais de vacilação. Passou a ser o "renegado", figura muito comum entre aqueles que abandonam os partidos comunistas. Quase um ano depois do tribunal, ele apresentou a amigos uma carta de defesa na qual reclamava não ter tido o "mais elementar dos direitos", o de se defender.[46] O agora ex-guerrilheiro já estava na Itália, onde reencontrou a família nos primeiros dias de 1970 após fugir do Brasil de carro, pelo Paraguai, na companhia do irmão. A VAR começava a cair, como quase todas as outras organizações — inclusive a VPR, que voltara a existir após alguns meses inativa.

Companheiros podem não estar em condições psicológicas de cumprir uma missão e o que faz uma organização revolucionária? O único caminho que encontraram para poder utilizar a área foi o de me forçar a ir para lá [...]. Na visão estreita deles, a única solução era me obrigar à força e na marra, sob explícita ameaça de morte [...]. Imagino que a repressão esteja hoje mais tranquila quanto às ameaças que a VPR representaria, pois lendo e analisando tal documento eles verão o quanto os dirigentes são estúpidos. Gente estúpida nesse nível não representa muito risco. [...] Os homens confundem serem duros com serem inflexíveis.

Quarenta e cinco anos depois, Antônio ainda era um homem marcado pelo episódio. Em 2015, ele vivia numa casa de repouso na Zona Sul de São Paulo e enfrentava os sintomas da doença de Parkinson, com dificuldades para falar e se locomover. Suas memórias chegavam ao conterrâneo Hermes Camargo Batista, o delator, que jamais recebeu dos colegas tratamento semelhante: "Aquilo me deixou mal, revoltado, decepcionado".[47]

Osni viveu e estudou artes plásticas no Japão, um dos motivos da controvérsia entre os guerrilheiros e o irmão. Os dois, no entanto, estavam rompidos desde os anos 1980, após uma tentativa frustrada de empreenderem um negócio juntos. Osni vivia em Itapecerica da Serra, o município da Grande São Paulo onde a VPR de Antônio começou a cair em 1969.

O tribunal revolucionário coube — e caberia sempre mais, no futuro — no que o então presidente Emílio Garrastazu Médici classificava de "política de desarmamento psicológico",[48] explorada em campanhas do governo e nas declarações dos generais com o objetivo de demonizar os comunistas. Todo ato que desabonasse a esquerda passaria a ser válido, fosse a expulsão de um militante, fosse um justiçamento, fosse um assalto a banco. Dentro da propaganda oficial e oficiosa da ditadura, que popularizou o slogan "Brasil: ame-o ou deixe-o", surgiria a figura dos "arrependidos", como ficaram conhecidos os militantes presos e torturados que eram forçados a denunciar a luta armada em jornais, rádios e emissoras de TV.

Discriminados, muitos deles ganharam a pecha de traidores, como aconteceu ao ex-guerrilheiro Celso Lungaretti. Quando Lungaretti apareceu na TV em julho de 1970 com o olhar perdido e um discurso preparado contra a esquerda, houve quem pedisse a Lamarca seu justiçamento. O ex-militar se recusou: "Se entrarmos nessa, vamos fazer o jogo da ditadura".[49] Pelo menos outros 41 militantes, além de Lungaretti, tornaram-se "arrependidos".[50]

A imprensa, proibida e em alguns casos não interessada em noticiar as violações dos militares, explorou o julgamento de Antônio. Em julho de 1970, o *Jornal da Tarde* deu uma manchete estrondosa sobre o episódio: "Reunido o tribunal do terror. O réu será fuzilado?". A ata e relatórios da repressão sobre o episódio foram divulgados.

Um dos jornalistas que receberam as informações foi David Nasser, de estreita relação com o Esquadrão da Morte e um dos profissionais da imprensa aliados e protegidos das Forças Armadas. Admirador da ditadura, Nasser reproduzia em suas colunas nas revistas *O Cruzeiro* e *Manchete* os informes provenientes da área de inteligência da repressão — ele nunca denunciou a tortura, nem mesmo quando seu sobrinho foi vítima dela.[51] Um resumo do caso Antônio, com o moralismo triunfante típico dos relatórios militares, permaneceu no arquivo do jornalista:[52] "Sem deus, sem Pátria, sem um código moral apoiado na criatura humana, fechados no pequeno mundo escuro de regras de ação armada, os terroristas praticam densamente a anti-humanidade".

ATO 2. A síndrome de Severino

Tavares derruba o Velho; a nova e última ALN; militares profissionalizam o bote

A história contada por José da Silva Tavares tinha algo de fantástica, mas ao final do relato quase todos o louvaram pelo heroísmo e pela determinação. Assim deveria agir um guerrilheiro, pensaram alguns dos colegas.

O reencontro em São Paulo com os integrantes da ALN, incluindo o comandante do grupo, o experiente Joaquim Câmara Ferreira, terminou celebrado "como uma verdadeira vitória".[1]

Tavares, afinal, havia conseguido um feito incomum: detido em Belém por agentes do Cenimar, o temido serviço de inteligência da Marinha, ele tentou se matar na prisão, sendo internado no Hospital Militar da cidade, de onde conseguiu escapar — mesmo colocado sob vigilância. Os jornais do Pará abriram espaço para contar o feito do fugitivo.

Seu pescoço, conforme os camaradas puderam ver em São Paulo, ainda estava arroxeado por causa da malsucedida tentativa de suicídio. O guerrilheiro reapareceu na capital paulista — segundo disse — após percorrer de carona os 2861 quilômetros que separam as duas cidades.[2]

Criada oficialmente em 1968, a Ação Libertadora Nacional nasceu em torno da figura de Carlos Marighella e outros dissidentes do PCB, como o próprio Câmara Ferreira, todos defensores da imediata deflagração da luta armada. Eram militantes descontentes com o que consideravam imobilismo da primeira e mais antiga sigla comunista fundada no Brasil, comandada por Luís Carlos Prestes, que era contra o uso das armas para enfrentar a ditadura. Ainda antes da fundação da ALN, a facção marighellista começara a enviar adeptos para treinamento militar em Cuba.

Renato Martinelli, um dos integrantes desde os primórdios, esteve com Tavares na capital paraense na véspera da prisão do colega e quase acabou detido. Os dois tratavam do desenvolvimento da guerrilha rural no Norte, um antigo sonho da organização. No feriado da Independência de 1970, eles discutiram a estratégia na região num almoço regado a pato ao tucupi, prato típico da culinária paraense. Tavares foi detido no dia seguinte, pouco antes de embarcar para Imperatriz, no Maranhão,[3] onde ficaria uma das bases no Norte do país. A ideia de Marighella, que continuou viva após seu assassinato, era deflagrar uma guerrilha rural por meio de colunas móveis, que partiriam de diferentes pontos do país em direção ao sul do Pará, a área rural brasileira de maior tensão social à época.

Severino, codinome de Tavares, estava na região por ordem de Câmara Ferreira. Nascido em Belo Horizonte e originário da Corrente, grupo que se dissolveu no final dos anos 1960 e que teria estreita ligação com a ALN, ele era um quadro experiente. Treinado pelos cubanos, deixou o Caribe como um dos alunos mais bem avaliados.[4] Retornou ao Brasil em meados de 1970 para reforçar a organização após a execução do fundador.

No reencontro num bar da Vila Mariana, na segunda semana de outubro daquele ano, dois guerrilheiros desconfiaram da história contada por Severino. Eram os jovens Carlos Eugênio Paz e Iuri Xavier Pereira, mas o comandante considerou a suspeita injusta.[5] Carlos Eugênio, muitos anos depois, disse ter se incomodado com o "olhar esquivo" de Tavares e pediu uma investigação sobre sua volta, temeroso de que se tratasse de uma infiltração. "Teimoso como uma mula",[6] Câmara Ferreira recusou-se, escreveria ele. Diante dos apelos dos colegas para montar um esquema de segurança a fim de protegê-lo, o líder da ALN foi incisivo: "A insistência me desgasta, confio no companheiro e considero esse assunto encerrado".[7]

Dias depois, talvez por causa da insistência, Câmara Ferreira solicitou a Martinelli, que também desconfiava do retorno do colega, um relatório sobre a queda no Pará. O objetivo era orientar as ações futuras e, quem sabe, identificar uma possível infiltração. Martinelli teria apenas 24 horas para elaborar o documento, tempo insuficiente para detectar a traição que já estava em curso.

Tavares fez um acordo com o delegado Fleury logo após a prisão em Belém. Fleury, do Dops paulista, estava no Pará atuando em colaboração com o Cenimar, parceria que já provocara grandes estragos na esquerda. O guerrilheiro havia se transformado em "cachorro", gíria incorporada ao vocabulário das Forças Armadas e usada no Brasil desde a Inconfidência Mineira, no século XVIII, para designar os traidores.[8] Seu papel era entregar Câmara Ferreira à repressão.

Após ser preso, Tavares foi levado para uma conversa "franca, direta, objetiva"[9] com Fleury: ou entregava o chefe ou morreria. Fechado o acordo, armou-se o teatro da fuga, com a simulação do suicídio e as notícias plantadas na imprensa paraense graças à imposição dos órgãos de segurança.

Martinelli diria depois que o ex-colega jamais poderia ter retornado ao grupo sem uma rigorosa investigação sobre as circunstâncias de sua fuga no Pará,[10] ainda mais porque Tavares tinha acesso direto à cúpula guerrilheira. Com certa facilidade, a ditadura derrubava pela segunda vez, menos de um ano após a morte de Marighella, o comandante da maior organização armada em atuação no país.

Jornalista, ex-deputado estadual pelo PCB e militante comunista desde os anos 1930, Joaquim Câmara Ferreira — conhecido entre os guerrilheiros como *Velho* ou *Toledo* — assumiu o comando da ALN após o assassinato de Marighella, em novembro de 1969. Os dois eram amigos havia décadas. Um dos mentores do sequestro de Elbrick, Câmara tinha experiência política e era muito respeitado na militância de esquerda desde os tempos do Estado Novo, quando foi preso e torturado, episódio que o levou a cortar os pulsos. Militando ao lado de Marighella desde o racha do PCB em 1967, era o nome óbvio para sucedê-lo.

Câmara ficou chocado com a morte do amigo,[11] notícia que recebeu durante a escala em Paris de uma viagem que o levaria para a Coreia do Norte. Da França seguiu direto para Cuba, onde foi discutir com o principal aliado externo da guerrilha brasileira o futuro da aventura armada contra os militares.

Ele sabia o que o esperava no Brasil. A situação recrudescera rapidamente nos meses posteriores ao sequestro, com uma reorganização do aparato repressivo para enfrentar frontalmente os grupos armados, cenário que se tornava cada vez mais dramático. A mais de um colega deu a entender que voltava ao país para morrer.[12] "Câmara se comportou como se protagonizasse um sacrifício: não nutria ilusões, mas não desistiria do terreno de batalha", escreveu Mário Magalhães sobre o estado de espírito do sucessor de Marighella, seu biografado.

A outro guerrilheiro, Câmara desabafou sobre o rapto do diplomata norte-americano:[13] "O Marighella tinha razão! Nós precipitamos o massacre".

Não era o único a fazer tal avaliação. O ato, considerado por muitos um golpe de mestre que deixou os militares de joelhos, tornou-se a primeira operação do gênero na história da guerrilha urbana mundial. Foi inspirado por um evento ocorrido na Guatemala em 1968, mas cujo desfecho levou à morte do diplomata americano sequestrado. O sequestro seria o primeiro de uma série realizada no Brasil nos dois anos seguintes —[14] além do grandioso efeito político, a ação se mostrara eficaz ao forçar a liberação de presos políticos. Outros guerrilheiros, no entanto, consideraram o sequestro o "grande erro factual"[15] da luta armada por ter desencadeado uma reação da ditadura impossível de ser contida.

Até o sequestro de Elbrick, em setembro de 1969, a ALN perdera três militantes assassinados. Oito meses depois, o número de mortos chegara a dez — além de mais de trinta prisões.

Em Havana, Fidel Castro contou ao novo líder da ALN a receita para o sucesso da revolução: "Tiros, tiros, tiros!".[16] Toledo sabia que a fórmula não era simples, como também nunca foi simples a relação com os cubanos, que tentavam definir os rumos da guerrilha no Brasil, o que desagradava muita gente. Seguindo a política de exportar a revolução como meio de salvar a sua própria, Cuba visava influenciar e intervir no grupo considerado o mais preparado para liderar a guerrilha num país estratégico da América Latina, mas nunca obteve êxito. A relação dos cubanos com a esquerda brasileira começara ainda antes do golpe de 1964, com as Ligas Camponesas, quase sempre voltada para a formação militar de novos quadros, e continuou até a primeira metade dos anos 1970.[17]

No período em que comandou a organização, menos de um ano, Câmara Ferreira investiu sua energia em três frentes: unir a esquerda armada, providenciar o regresso seguro dos guerrilheiros que estavam no exterior e fixar as bases para a luta no campo. Quando Tavares firmou o acordo para entregá-lo, o cenário era catastrófico — e não só para a ALN. Os objetivos traçados estavam cada vez mais distantes.

Um dos principais problemas era o regresso em segurança dos "cubanos", como os órgãos da repressão classificavam os brasileiros em treinamento no Caribe. Dos que retornaram nos dez primeiros meses de 1970, pelo menos sete já haviam dado baixa — foram presos, mortos ou debandaram. Até aquele ano, 26 guerrilheiros treinados em Cuba tinham sido capturados. Entre 1971-3, seriam pelo menos 32 os detidos.[18] Ter passado por Havana praticamente carimbava a sentença de morte do militante.

Tavares, feito o acordo com Fleury, repassou à repressão[19] dados de mais de cem brasileiros que treinaram na ilha. Muitos eram velhos conhecidos. O curso, com duração média de seis meses, contemplava formação teórica (aulas de política, economia e sociologia marxista) e militar (práticas de tiro, técnicas de sobrevivência e de enfrentamento nas matas).

No primeiro semestre de 1970, a situação da ALN era especialmente precária em São Paulo: não havia aparelhos, meios de transporte nem dinheiro para manter os quadros clandestinos.[20] A situação era a mesma para os demais grupos, com prisões de muitos militantes, tática que dispersaria bastante gente da órbita da luta armada, ainda que em muitos casos isso significasse apoiadores do setor logístico ou entusiastas que contribuíam com informações, sem empunhar armas e sem participar das expropriações. O número de mortos naquele ano seria o maior registrado desde o início da ditadura, uma tendência de alta que não terminou ali.

Outro guerrilheiro treinado em Cuba e que regressou ao país em meados de 1970, Martinelli conta que todos tinham consciência de que a situação era delicada. Encarregado por Câmara Ferreira de fazer em menos de 24 horas um relatório sobre os eventos em Belém, ele saiu do imóvel onde se escondia em São Paulo no final da tarde de 23 de outubro vestido de terno e gravata, nas mãos uma pasta de executivo, na qual levava um documento com sua análise. Não tinha conseguido nenhuma evidência sobre a traição. Entregaria o documento para Câmara no bairro de Indianópolis, na Zona Sul de São Paulo. De lá o líder da ALN seguiria para outros encontros com militantes, entre eles Tavares, que voltara do Pará louvado por sua audaciosa fuga.

Ao pisar na avenida Lavandisca, Martinelli observou um carro encostado na calçada com um casal dentro que olhava fixamente para a frente. "Com certeza eles não estavam namorando",[21] pensou o guerrilheiro. Passaram-se alguns segundos e logo começou uma algazarra à sua frente. Era a emboscada planejada por Fleury. O casal no veículo era do Dops, que tinha no local agentes disfarçados até de vendedor de pipocas.[22]

Sem largar a pasta, Martinelli atravessou a rua e continuou a caminhar. Contou pelo menos oito agentes armados, mas não ouviu nenhum disparo. Antes de parar um táxi e escapulir dali, viu um vulto no chão, dominado pelos policiais. Era Joaquim Câmara Ferreira.

Tavares também teria outros encontros naquela noite: receberia dinheiro e documentos de Maria de Lourdes, que por sua vez teria um "ponto" — gíria para as confabulações revolucionárias — com Maurício Segall, enquanto Câmara Ferreira deveria ainda ver Viriato Xavier de Melo Filho. Integrantes da ALN, todos foram presos e levados para um sítio clandestino na Grande São Paulo,[23] usado pela turma de Fleury para seviciar e executar suas vítimas.

Durante a tortura, um dos guerrilheiros ouviu de um agente que Câmara Ferreira,[24] ao ser surpreendido na avenida Lavandisca, se atracou com um policial, arrancando-lhe um pedaço de carne com a boca. O líder da organização sofreu um infarto fulminante quando recebia choques elétricos no pau de arara. Tinha 57 anos e quase quarenta de militância. Seu corpo não desapareceu: a família o enterrou no cemitério da Consolação, em São Paulo.

Fleury cumpriu o acordo com o "cachorro". Tavares sumiu após a ação e pouco tempo depois estaria de volta a Belo Horizonte, sua cidade natal. Em maio de 1971, um documento do Dops de Minas Gerais informava que ele não tinha mais "nenhum antecedente criminal".[25] Apagar as pendências com a Justiça fazia parte do acordo de colaboração.

Os guerrilheiros sabiam onde estava Tavares, mas não foram atrás dele para julgá-lo num tribunal revolucionário. No segundo semestre de 1973, o Quedograma,[26] documento produzido por presos políticos de São Paulo sobre as quedas de militantes, ressaltava que ele tinha vida legal na capital mineira. Alguns ex--colegas suspeitam — sem provas, contudo — que ele prestou serviço para o Exército após voltar para a cidade. Na década de 1980, Tavares iniciou uma bem-sucedida carreira na Fiat, recém--instalada em Betim, região metropolitana de Belo Horizonte. Em 2010, atingiu o cargo mais alto em trinta anos de carreira na empresa: foi nomeado diretor financeiro da operação internacional na Itália, depois de ser diretor administrativo e financeiro na América Latina.[27]

Os colegas da Fiat conheciam o passado guerrilheiro de Tavares, mas poucos sabiam do seu acordo com os militares. Apesar de ter prometido escrever suas memórias, ele nunca se abriu a respeito, nem aceitou ser entrevistado sobre o passado.

"Ele tinha um caráter complicado, mas era um quadro da extrema confiança do Câmara Ferreira. Sua traição foi chocante", conta José Luiz del Roio,[28] que notou uma ironia: pouco antes de se transformar em delator, Tavares impressionou os colegas que estavam em Cuba ao se submeter a treinamentos de resistência para enfrentar a tortura caso fosse preso. Para o futuro traidor, um revolucionário tinha a obrigação de saber como se comportar diante de um torturador.[29]

O desaparecimento de Câmara Ferreira foi devastador para a luta armada nas cidades, em especial para a ALN. Seu assassinato encerrou o período das grandes ações de financiamento da guerrilha. A partir dali, os grupos em atuação nos centros urbanos entrariam em declínio, com cada vez menos apoio popular e realizando ações que visavam quase sempre bancar a sobrevivência dos quadros clandestinos e obter mais armas.

Iniciava-se a crônica de mortes da guerrilha, com quedas, divergências internas e radicalismo (sobretudo contra os próprios pares). Enquanto isso, a repressão apertava ainda mais o cerco, detonando um dos momentos de maior violência política desde o Estado Novo de Getúlio Vargas.

Da traição de Tavares nasceu a "síndrome de Severino", batizada com seu codinome e marcante nos anos finais da aventura armada,[30] que definiria a crescente obsessão com o perigo representado pelos traidores.

Presente desde a mais remota das guerras, a infiltração tornou-se imprescindível para os militares combaterem a subversão. Episódios como os de Hermes e Severino iriam se multiplicar numa roda-viva que levava uma coisa (tortura) a outra (colaboração).

"Verificamos que o trabalho teria sucesso somente na base de infiltrações", declarou o coronel Ciro Guedes Etchegoyen,[31] instrutor da Escola de Comando e Estado-Maior do Exército nos anos 1960, além de chefe de contrainformações do CIE e comandante da Casa da Morte, em Petrópolis, no Rio de Janeiro, um centro clandestino montado pelo Exército para torturar e matar guerrilheiros.

A teia de infiltrados — formada por espiões distintos, dos militantes "virados" na tortura, que passavam a colaborar, aos militares, policiais e civis infiltrados, quase todos remunerados pelo serviço — operou, sem exceção, dentro de todos os grupos e partidos da esquerda, mesmo nos contrários à luta armada, como o PCB. Havia espiões nos lugares mais insuspeitos. Em Cuba, um dos instrutores do curso era informante da CIA e compartilhava dados como codinomes e aproveitamento dos brasileiros para os oficiais do Exército.[32]

A espionagem e o sistema de coleta de informação da repressão ajudaram a embasar longos estudos sobre as organizações (se tinham influência cubana, chinesa, russa ou albanesa, se eram mais ou menos militaristas) e as características de seus integrantes. Apesar dos exageros vistos em muitos dos documentos, os informes mais acertavam do que erravam ao analisar a conjuntura, as divisões e o poder de cada uma delas. Das maiores (ALN e VPR) às nanicas (Rede, RAN, PRT, entre outras), todas foram estudadas pelos militares. Com a inteligência reforçada pelos infiltrados e delatores, a repressão aperfeiçoou o ataque.

Os infiltrados eram heterogêneos: podiam ser policiais ou bombeiros, a maior parte sargentos treinados para penetrar nos movimentos operários, estudantis e, depois, nas organizações armadas.[33]

Peça-chave na engrenagem repressiva e entusiasta da infiltração, o general Adyr Fiuza de Castro, um dos fundadores do CIE e chefe do DOI do Rio entre 1972 e 1974, apontou o movimento estudantil, celeiro das organizações armadas, como o mais fácil de ser penetrado — "eram amadores".[34] O general sabia tratar-se de outro mundo, naquela altura completamente inofensivo, muito diferente do ambiente revolucionário que logo estaria enfrentando. A vigilância contra os estudantes começou em 1968, mas o serviço era precário e visava apenas monitorar os principais líderes. Dois anos mais tarde, com a multiplicação dos grupos armados e a preparação militar dos guerrilheiros, o trabalho se profissionalizou para enfrentar uma ameaça em outro patamar. Conforme Fiuza de Castro:

> O máximo de todo serviço de informações é "virar" um camarada, não é infiltrar. Infiltrar é muito bom, mas o máximo do máximo é "virar", é pegar um camarada importante do outro lado, "ganhá-lo" e fazer com que ele trabalhe para você. Sempre se corre o risco de ter um agente duplo, porque às vezes ele finge que "vira" e não "vira".[35]

"Ganhar" um camarada implicava quase sempre ameaças físicas, torturas e chantagens, não raro estendidas aos familiares, além de ofertas financeiras — os pagamentos costumavam girar em torno do salário de um capitão; eles eram obrigados a assinar contrato e passar recibo.[36]

Quando um camarada era "virado", formalizava-se um acordo (alguns sobreviveram em arquivos da ditadura) e ele voltava para a convivência do grupo, geralmente sendo controlado por no máximo duas pessoas do aparato repressivo. Era a transformação do "cachorro", o alcaguete que poderia ser usado em ações de inteligência, para o monitoramento dos colegas e até ser empregado em operações nas ruas. Houve quem auxiliasse o interrogatório de outros presos.[37] O objetivo da repressão ao usar infiltrados e guerrilheiros "virados" era sempre o mesmo: devorar o inimigo por dentro.

Muitos presos políticos sob tortura forneceram informações que levaram a outras prisões e mortes. Estavam coagidos, sob o poder do Estado. Alguns, forçados a atuar como isca, eram levados para ajudar na prisão de outros militantes. Não se tratava de traidores, mas de vítimas.

Aconteceu, por exemplo, com a jovem Dilma Rousseff após sua prisão em São Paulo, em janeiro de 1970. Torturada, ela apontou aos interrogadores uma reunião agendada naquele mês na movimentada rua Doze de Outubro, no bairro da Lapa, com um militante envolvido nas greves operárias de Osasco, com quem ela mantinha encontros regulares.[38] O homem compareceu ao local no horário marcado, às cinco da tarde, e viu Dilma passando na calçada oposta. Ele atravessou a rua, passou na sua frente, caminhou um pouco e então voltou, indagando se estava tudo bem. Ele recordaria décadas depois a cara de desespero de Dilma: "Eles caíram imediatamente em cima de mim, já me batendo, dando coronhadas e me levando para o camburão. Nunca mais a vi. Ela me entregou porque foi muito torturada, e eu entendo isso".[39]

A responsável pelas informações obtidas na tortura era a ditadura, que usava o terror como método de combate, e não o preso seviciado, embora o entendimento de parte da esquerda no período fosse outro. Um revolucionário deveria suportar o pau, defendiam muitos dos guerrilheiros. Recomendava-se aos colegas que segurassem as informações nas primeiras horas de prisão, soltando-as sempre a conta-gotas. O enfrentamento da tortura estava presente no cotidiano e houve quem treinasse — como fez Tavares — para enfrentá-la:[40] o objetivo era permitir que os demais membros se reorganizassem em segurança do lado de fora após a queda de um companheiro.

Ieda dos Reis, a amiga de Antônio Nogueira da Silva que ameaçou denunciar a organização caso ele fosse executado, foi uma das vítimas das infiltrações. Caiu em abril de 1970, enquanto esperava no bairro carioca do Jardim Botânico o sociólogo mineiro Juarez Guimarães de Brito, um dos líderes da VPR.

O grupo, que tentava se reestruturar novamente após a malsucedida fusão com o Colina, resultando na VAR, estava sendo monitorado pelos órgãos de segurança. O guerrilheiro Wellington Moreira Dinis, que já tinha faltado a dois encontros com Juarez, estava preso e contou no interrogatório a data do terceiro encontro, dias depois. Foi usado como isca e deixado pelos militares dentro de um jipe na rua Jardim Botânico, local acertado entre eles.[41] O cerco foi facilitado por um espião militar infiltrado, responsável por detalhar à repressão os passos de Juarez.[42]

O guerrilheiro chegou à rua dirigindo ao lado da companheira, a guerrilheira Maria do Carmo Brito. Juarez foi um caso raro de militante a cumprir a promessa — feita por muitos — de não ser preso com vida: após o carro ser fechado e alvejado pelos militares, ele tomou a arma de Maria do Carmo e se matou com um tiro no ouvido. Ela foi presa.

Não muito distante dali, após esperar por quinze minutos, Ieda se abrigou numa padaria. Foi cercada no balcão por agentes da repressão descaracterizados. "Alguém me dedurou", recordaria anos depois.[43]

No DOI ela encontrou muitos conhecidos "esbugalhados de tanto apanhar". Um deles, com vários hematomas pelo corpo — provavelmente simulados para esconder sua condição de espião —, era Lucky ou Luciano, codinomes pelos quais era conhecido entre a militância carioca. "Preso" naquele dia, tratava-se de um infiltrado, o mesmo que monitorava Juarez. Seu verdadeiro nome era Manoel Antônio Rodrigues, bombeiro do Rio a serviço do Cenimar que se infiltrou em uma imobiliária de Copacabana que dava cobertura para integrantes da VPR, PCB e MR-8.[44] Ieda só descobriu a infiltração em 2011, ao reconhecê-lo numa reportagem da revista *Época*. É provável que Rodrigues tivesse contribuído também para a queda de Wellington no Rio, dias antes.

A guerrilheira deixou a prisão dois meses depois, ao ser incluída na lista dos quarenta presos enviados para a Argélia em troca da liberdade do alemão Ehrenfried von Holleben, outro diplomata sequestrado em meados de 1970. No exílio, Ieda testemunhou o crescimento do radicalismo e do sectarismo que incomodavam muitos militantes e marcariam a fase final da luta armada. Quando os presos chegaram a Argel, iniciou-se uma discussão para tentar identificar quem tinha traído ou repassado informações na tortura, uma obsessão que perduraria anos.

A vida no exílio também poderia ser "deletéria".[45] Haveria uma razão: o estado emocional e psicológico dos militantes era fortemente afetado pelo confinamento dos aparelhos, o distanciamento social imposto pela clandestinidade, a pressão de que a qualquer momento poderiam ser presos ou mortos. A "estratégia da tensão máxima" marcou a experiência da geração que pegou em armas contra a ditadura e está na origem de muitas decisões dramáticas tomadas naqueles anos.

A ideia de fuzilar desbundados ou militantes cuja conduta era desaprovada disseminou-se. Mas, até ali, era só uma ideia, sem execução prática. Herbert Eustáquio de Carvalho, guerrilheiro que participou dos treinamentos no Vale do Ribeira e dos sequestros dos embaixadores alemão e suíço, foi condenado à morte pelos exilados no Chile por "recuísmo". Ele tinha proposto a desmobilização da VPR diante de tantas quedas e assassinatos. Como não havia ligação efetiva entre os juízes que estavam em Santiago e os militantes que continuavam no Brasil, e sem nenhuma condição de executar a medida, Herbert safou-se.[46]

O ano de 1970, crucial para o declínio da luta armada, começou com as prisões no Partido Comunista Brasileiro Revolucionário, o PCBR, em janeiro, quando Mário Alves foi assassinado dentro de uma unidade do Exército após ser empalado com um cassetete. Era o prenúncio da violência do governo Médici: dezembro terminou com a morte de Eduardo Leite, o *Bacuri*, após 109 dias de tortura, uma das mais longas da ditadura. Seu cadáver tinha hematomas, cortes e queimaduras, além dos dentes arrancados e olhos perfurados.[47]

O momento era de perdas, dissidências e debandadas. A fragmentação dispersou ainda mais um movimento que se mostrava frágil e sofria com o desenraizamento social e os crescentes ataques da polícia política. Prevaleceria a lógica da sobrevivência. Guerrilheiros começaram a falar na necessidade do sacrifício, tom presente no cotidiano dos pequenos núcleos armados que continuaram mobilizados contra a ditadura. O sociólogo e ativista Herbert José de Sousa, o Betinho, integrante de um dos tantos grupos da época, contaria anos mais tarde que levou essa discussão para a análise, caracterizando esse sacrifício como "racionalização consciente do suicídio".[48]

Aton Fon Filho, guerrilheiro da ALN que se somou à grande lista dos detidos em 1969, conta que a mudança estratégica do enfrentamento fez toda a diferença.[49] Isso aconteceria sobretudo a partir daquele ano, com o desenvolvimento do trabalho de inteligência militar, a institucionalização (oficiosa) da tortura e as infiltrações. A repressão se reestruturou e passou a ter a primazia da lógica da surpresa, um dos triunfos da guerrilha: "No início tínhamos uma visão política e militar, e a repressão, em desvantagem por ter apenas a visão militar, começou a ficar refinada e inteligente. A visão puramente militar não dava resposta. Não deu para eles no início, nem para a gente no final".

A mudança seria ainda mais forte no começo da nova década. O historiador Marcelo Ridenti notou que, até 1968, as organizações armadas tiveram relativo êxito ao se aproximar dos movimentos sociais de massa (sindicatos, associações), mas que esse cenário mudou significativamente com o aumento da repressão e a recuperação do capitalismo brasileiro rumo ao que ficaria conhecido como milagre econômico: "Os grupos armados foram perdendo suas bases sociais, mas insistiam na ofensiva da luta armada, sem se dar conta do isolamento para que caminhavam e tampouco das transformações da conjuntura, o que viria a implicar a virtual destruição das organizações guerrilheiras".[50]

Os dirigentes que passaram a comandar a ALN após a morte de Câmara Ferreira eram todos jovens, alguns ainda com cara de "bebê gordinho",[51] como Carlos Eugênio Coelho Sarmento da Paz. *Clemente*, como era conhecido, tornou-se um dos principais nomes do grupo ao lado de Iuri Xavier Pereira, com cem quilos e 1,90 metro de altura. Os dois ganharam respeito e autoridade — afinal, foram os primeiros a desconfiar da infiltração de Severino —, além de terem ótimas formações militares.

Juntaram-se a eles na coordenação provisória outros jovens de vinte e poucos anos como Márcio Leite de Toledo, Arnaldo Cardoso da Rocha e Hélcio Pereira Fortes. Todos tinham formação militar, mas nenhuma experiência política.

O radicalismo ficava evidente na adoção de frases como "se dez vidas tivesse dez vidas daria",[52] do alferes Tiradentes e dita no contexto da Inconfidência Mineira, mas que foi incorporada — reforçando o desprendimento daqueles jovens — aos documentos difundidos entre eles e depois publicados nos jornais clandestinos do grupo, como o *Ação*. A síndrome de Severino foi determinante para a mudança de postura,[53] motivada pelo cenário de rápida deterioração das condições da luta armada, com grande número de mortes e prisões, guerrilheiros isolados e cercados pelos agentes da repressão, sem uma estrutura de segurança minimamente confiável. A síndrome, além do perigo representado pelos traidores, caracterizava ainda um conjunto de sinais — solidão, medo, insegurança — presentes no instinto de sobrevivência de cada um deles.

A partir daquele momento, haveria tolerância zero com desvios e traições. Seria necessário navegar entre "a capitulação e a aventura, evitando a excessiva prudência e a audácia excessiva".[54] E o mais importante: não havia hipótese de recuo. Os guerrilheiros continuariam o enfrentamento armado contra a ditadura, mesmo que o destino provável fosse a morte ou a prisão.

Muitos aproveitaram a incerteza do momento para abandonar a luta. Aconteceu com um guerrilheiro[55] que Havana tentou impor como representante dos cubanos na ALN. Enviado ao Brasil com alguns dólares e a ordem de dirigir a organização, ele contrariava o desejo das lideranças que estavam no país, que o viam como uma espécie de interventor de Cuba. Pressionado, sem o apoio dos colegas e assustado com a realidade que encontrara no Brasil, o eleito pelos cubanos teria deixado o butim no Rio de Janeiro — há controvérsias sobre a entrega do dinheiro — e se mudado para a Europa após pedir refúgio na embaixada da Suécia, sem tempo de ser julgado por deserção, como queria Clemente. O fugitivo também ficaria queimado em Cuba, onde foi considerado um traidor. A relação entre cubanos e brasileiros seria marcada por certa tensão, sobretudo diante da insistência de Havana em interferir nas diretrizes da luta armada. O governo liderado por Fidel Castro queria que a ALN — e outras organizações — atuasse como um braço armado da política externa cubana, aspecto fortemente criticado por Marighella, antes, e depois pelos jovens que continuaram na organização até o final. Cuba tentava cooptar os comandantes brasileiros seduzindo-os com privilégios materiais e benesses durante a estada em Havana, além de simular uma proximidade com revolucionários como o próprio Fidel.[56]

Outro a submergir no final de 1970 foi Márcio Leite de Toledo, um dos dirigentes nacionais, que desapareceu por quarenta dias sem dar nenhuma notícia. Os colegas não sabiam se ele tinha deixado o país ou se estava preso. Carlos Eugênio Paz comparou sua atitude à de um capitão que abandona o barco, deixando-o à deriva.[57] O episódio foi determinante para azedar a relação entre eles.

Ao reaparecer dias antes do ano-novo de 1971, Márcio alegou que estava se protegendo. Nas quedas de outubro, que resultaram na morte de Câmara Ferreira e na prisão de vários colegas, os militares apreenderam documentos e colheram informações sobre o grupo e seus aparelhos. Foi um final de ano com muitas prisões, e não somente para quem estava na linha de frente da guerrilha. Advogados, religiosos e jornalistas — incluindo toda a redação do *Pasquim* — foram detidos naquele período.[58]

Márcio, afetado pelo momento, retornou com muitas críticas. Reclamava da falta de impacto das ações armadas, que ultimamente serviam mais para manter os militantes na clandestinidade. A situação era catastrófica: afastamento popular e um número cada vez maior de mortes (trinta em 1970) e prisões (as denúncias de tortura bateram recorde no ano, 1206).[59] Para ele, a ALN tinha o dever moral de fazer uma autocrítica, suspendendo imediatamente as ações para evitar a completa aniquilação.

Ricardo Zarattini, outro guerrilheiro que fazia parte da ala dos descontentes, apresentou no início de 1971 um contundente balanço dos últimos três anos da organização. Seu alvo era o mesmo radicalismo criticado por Márcio, que acabava por anular completamente qualquer atuação política. "O trabalho de massas e a infraestrutura eram simples apêndices do órgão militar", escreveu Zarattini. Seus petardos chegaram ao "culto ao guerrilheiro", que, segundo ele, provocou uma "deformação mística em todo o grupo", transformando a "ação por ação" numa mera tática de sobrevivência.[60] O documento propunha repensar a luta armada e retomar as iniciativas políticas junto à sociedade civil.[61]

O racha escancarou-se quando começou a surgir em Cuba o que ficaria conhecido como Molipo, o Movimento de Libertação Popular, composto basicamente de militantes (em torno de trinta) da terceira leva de brasileiros da ALN enviados para treinamento no Caribe. A consolidação do grupo ocorreria ao longo do ano de 1971 e um dos motivos da dissidência era o que uma guerrilheira chamou de "direitização nacionalista",[62] referindo-se ao autoritarismo que marcava a atuação do novo comando da ALN. O nascimento do Molipo também revela que a tentativa de interferência cubana dera, finalmente, algum resultado — muitos acreditam que o serviço secreto de Cuba incentivou o racha. O governo de Fidel deu apoio incondicional à nova sigla, vendo nessa turma uma possibilidade de recompor a guerrilha no Brasil, mas o resultado foi uma das grandes tragédias da luta armada. A repressão, graças sobretudo à atuação bem-sucedida de infiltrados desde Havana, massacrou quase todo o Molipo: os guerrilheiros foram mortos ou desapareceram pouco depois de retornar ao país. Seis pessoas, que jamais foram presas, sobreviveram, entre elas o futuro deputado e ministro José Dirceu.[63]

Liderados por Clemente, os jovens dirigentes da ALN — ainda a maior organização do país — rejeitaram a autocrítica e o recuo. Por honra aos mortos, eles iriam até o fim.

"As pessoas perderam o equilíbrio. Sobrou a meninada, sem condições, sem estrutura e sem experiência", sentenciou Renato Martinelli,[64] àquela altura também tentado a deixar o país.

Como alguns de seus amigos secundaristas, Carlos Eugênio Paz ingressou na guerrilha aos dezessete anos graças a Marighella, talvez a principal referência na sua formação. Seu círculo ficaria conhecido entre os aspirantes a revolucionários do Rio como os "sobrinhos do titio Marighella", título que definiria jovens e, em alguns casos, adolescentes que orbitavam a figura do ex-deputado baiano. Eram futuros guerrilheiros como os irmãos Xavier Pereira (Iuri, Alex e Iara), filhos do casal João Batista e Zilda Paula, históricos militantes comunistas, ligados ao PCB desde o Estado Novo de Getúlio Vargas e amigos do fundador da ALN.

Por recomendação de Marighella, Carlos Eugênio se alistou no serviço militar, sendo um caso raro de guerrilheiro treinado conscientemente pelo Exército — a mesma Força que logo depois ele estaria enfrentando nas ruas. "Um comandante só aprende a mandar quando aprende a obedecer", ouviu de Marighella. Antes de desertar do Exército, um ano depois, quando começou a viver as restrições de segurança que o acompanhariam durante toda a sua militância no Brasil, foi condecorado com a medalha de melhor soldado do Forte de Copacabana.[65]

Sua boa formação militar o transformou num quadro extremamente eficiente,[66] cuja reputação chamou a atenção dos inimigos. Tinha obsessão pelas regras de segurança,[67] o que de certa forma lhe salvou a vida — além de uma boa dose de sorte. Seus esconderijos eram em bairros de classe média, perto do centro ("nada de periferia") e alugados diretamente por pessoas que não faziam militância política. Preferia andar de ônibus e, em caso de cerco, sugeria: "atira para todos os lados e corre, os tiras morrem de medo". Clemente, nome que incorporou ao seu e usaria no futuro para assinar seus e-mails, participou de inúmeras ações. Matou e perdeu muitos amigos, assassinados pela repressão. Além de desconfiar de Severino naquele encontro em São Paulo, ele também denunciou a outros colegas que Cabo Anselmo trabalhava para a repressão — à época, as suspeitas não foram levadas em consideração. O guerrilheiro diria nas suas memórias que a sobrevivência não era racional, mas animal.[68]

Clemente era tão disciplinado e dedicado à causa que recrutou até a mãe, Maria da Conceição Coelho da Paz, à época com 49 anos. A ALN a enviou a Cuba para um treinamento de dois anos para atuar como enfermeira no Brasil em eventuais emergências, que aumentariam consideravelmente a partir de 1971, mais um ano de péssimas notícias para os revolucionários. Maria da Conceição adotou o codinome Joana, mas ela não teria muito tempo de atuação no grupo. Em São Paulo, pouco depois de retornar do Caribe, em 1973, foi presa e torturada, ficando quase um mês detida. Os agentes queriam saber o paradeiro do filho; ela, porém, nada contou. Àquela altura, Clemente já estava fora do Brasil, decisão tomada para protegê-lo do mesmo destino de Marighella e Câmara Ferreira. As torturas deixaram sequelas na mão de Maria da Conceição, que morreu em 2000, aos 79 anos.[69]

Uma das emergências médicas aconteceu com Lídia Guerlenda, que perdeu uma das mãos na explosão de uma granada durante um treinamento no final daquele ano. Clandestina, a estudante de medicina não pôde ir para um hospital, e os colegas tiveram que sequestrar um médico especialista em transplante de membros, professor da Faculdade de Medicina da USP (onde ela estudava), para amputá-la num aparelho. O doutor cortou o que restava da mão e retirou os tecidos mortos.[70] A futura médica ficou traumatizada com o barulho da serra, mas continuou militando na clandestinidade mais alguns meses após a amputação, até resolver deixar o país.

Em outros casos, nem os mais preparados médicos poderiam salvar os guerrilheiros. Em 1970, dois integrantes da ALN morreram após disparos acidentais dos colegas — ambos são casos de fogo amigo explorados em narrativas fantasiosas dos militares. O estudante Luís Afonso Miranda da Costa Rodrigues, amigo de Carlos Eugênio no Colégio Pedro II, no Rio, tinha dezenove anos quando levou um tiro de metralhadora pelas costas na saída de uma ação armada, por imperícia dos colegas. Agonizante, ele ainda conseguiu gritar "Viva Marighella!" e "Viva a revolução!".[71]

Meses mais tarde, na saída de um assalto a banco no bairro paulistano da Lapa, Ari da Rocha Miranda levou um tiro por engano, disparado pelo guerrilheiro Eduardo Leite, o Bacuri. Mesmo ferido, ainda resistiu em pé, dando cobertura até o final da ação.[72] Carlos Eugênio, uma das testemunhas, classificaria essa atitude como um dos gestos mais heroicos que presenciou nos seus anos de luta armada.[73] Levado às pressas para um esconderijo, Ari não resistiu à hemorragia. Foi enterrado numa estrada da Grande São

Paulo, local depois esquecido pelos colegas presentes no funeral. Após meio século, há quem ainda considere sua morte um caso de justiçamento,[74] destacando seu nome nas falsas listas montadas por ex-militares da repressão como um dos justiçados pela esquerda.

O radicalismo alimentava paranoias e transformava qualquer vacilação num sinal associado a um potencial traidor. O endurecimento foi inconsciente: para eles, era impossível não perder a ternura quando se era cercado e condenado à morte.[75]

Com a inflexibilidade cada vez maior, muitos quadros se afastaram. Martinelli foi um deles, decidido finalmente a abandonar a luta armada — julgava-se muito exposto desde a morte de Câmara Ferreira. Após quatro "pontos" fracassados, ele tentou discutir o assunto com os dirigentes. A conversa com Iuri foi a gota d'água:

— Entre você e a revolução, eu fico com a revolução — disse.

— Vai se foder — respondeu Martinelli.

No final de 1970, ele e um amigo foram trabalhar como peões numa fazenda do Mato Grosso do Sul. Era a alternativa para se manter longe dos centros urbanos até que conseguisse deixar o Brasil.[76]

Márcio recusou o convite para acompanhá-los. Martinelli fez um apelo para ele sair imediatamente de São Paulo, mas Márcio ainda tinha a esperança de reverter o radicalismo da ALN ou, quem sabe, passar a ter maior influência nos rumos da organização.

ATO 3. "A revolução não admitirá recuos"

Márcio é o primeiro justiçado; o pacto de sangue; a debandada

O confronto entre Márcio e o comando da ALN escancarou--se nos primeiros dias de 1971.

Sem apresentar explicações consideradas satisfatórias para os quarenta dias de sumiço, o guerrilheiro foi afastado da coordenação nacional. Os colegas foram unânimes ao reprovar sua atitude — ele não se preocupara nem mesmo em enviar um recado. Para piorar, além das críticas, Márcio retornou com o que alguns chamavam de "cara de cerco", uma expressão de angústia e medo geralmente associada aos que estavam para cair ou debandar. Num ambiente marcado pela síndrome de Severino, a "cara de cerco" alimentava ainda mais paranoias.

Seu novo destino era o Rio de Janeiro, onde ficaria responsável pela reestruturação da ALN. Ele ainda teria o status de dirigente, mas a situação no então estado da Guanabara era tão frágil quanto em São Paulo. Nos primeiros sessenta dias do ano, nove opositores de diferentes organizações foram eliminados pela ditadura, cinco deles na cidade, como o ex-deputado federal Rubens Paiva.

A temporada carioca de Márcio, contudo, foi breve. Ele não se adaptou ao Rio e em menos de um mês estava de volta a São Paulo, onde pensava correr menos riscos por contar com um esquema de segurança mais confiável, incluindo familiares e amigos que não estavam envolvidos na luta armada. Sua presença no Rio coincidiu com a aparição na cidade de cartazes dos procurados pela ditadura — seu nome, àquela altura, era um dos principais na lista dos subversivos buscados pela repressão.[1] Também presente no curso guerrilheiro em Cuba, ele tinha sido um dos tantos delatados por Tavares.

Reincorporado ao grupo de fogo paulista como "metranqueiro", caberia a Márcio empunhar a metralhadora nas ações armadas e atuar como uma espécie de atirador de elite que dá cobertura aos colegas. Na primeira oportunidade, uma saída para expropriar placas de automóveis, houve um pequeno incidente. Ele abandonou o posto, deixando a arma no carro, e ficou do lado de fora fingindo que não tinha nada a ver com aquilo.[2] Os colegas ficaram enfurecidos com sua postura. Lídia Guerlenda, que estava presente na ação, achou-o muito displicente.

O comando da ALN considerou a postura grave. Carlos Eugênio Paz dessa vez a comparou com a negligência de um militar que deserta na guerra sob o risco de enfrentar uma corte marcial.[3] Para ele, Márcio colocava a organização em risco. Houve quem afirmasse que a atitude do militante demonstrava "sintomas de pânico".[4]

A desconfiança era mútua. Márcio considerava a ALN despreparada e não via disposição nem experiência nos colegas para mudar a forma do enfrentamento contra a ditadura. Ele até formulou uma autocrítica perante os colegas, semanas após o episódio em que largou a metralhadora no carro, reconhecendo falhas de conduta. Com o aceno, é provável que esperasse um reconhecimento dos colegas na mesma direção; quem sabe sua atitude provocasse uma discussão interna, com a revisão dos erros cometidos nos últimos meses. Mas foi em vão. Isso não viria a acontecer.[5]

Márcio confidenciou a amigos e familiares[6] que tinha esperança de assumir o comando do grupo ou que ao menos tivesse o apoio dos colegas para tentar organizar uma nova frente armada, constituída algumas vezes, mas agora com propósitos diferentes. Sua ideia era realizar uma ou duas ações de grande porte e então recuar, o que significava suspender temporariamente todas as atividades armadas, sem previsão de volta. Seu objetivo era poupar vidas, evitando matanças que muitos enfrentavam com resignação. Para o comando da ALN, falar em recuo era uma forma de admitir a derrota, o que não estava em perspectiva. No ambiente conspirativo e clandestino em que homens armados compartilhavam códigos, segredos e largavam tudo para promover a revolução, esse contexto alimentava a frágil e irreal aparência de poder.

Segundo o ex-guerrilheiro Ricardo Apgaua,[7] que viveu o colapso da ALN após a morte de Câmara Ferreira, Márcio queria seguir com um esquema confiável do seu ponto de vista. Para quem o conhecia, o enfrentamento revelava um traço de sua personalidade que contribuiu para agravar a situação: a ingenuidade. Para José Luiz del Roio, ele tinha um "romantismo ingênuo", como havia ficado claro no episódio da autocrítica.

Na primeira quinzena de março de 1971, um emissário[8] da direção apresentou uma proposta a Márcio: a ALN iria colocá-lo fora do Brasil. Era uma medida para preservar sua segurança e a da organização. Ele recusou: não via motivos para deixar o país, o que considerava uma derrota pessoal e política.

Naqueles dias, seu irmão mais velho, Maurício Toledo, recém-eleito deputado federal pela Arena, partido de sustentação da ditadura, levou a ele um pedido semelhante feito pelos pais:

que saísse do Brasil logo — poderia estudar no exterior.[9] Sua resposta foi a mesma.

Em 21 de março, quando visitou um primo em São Paulo, Márcio deu a entender que estava de saída da ALN. Comentou que se dedicava a escrever uma carta de despedida, na qual expressava o desejo de unificar a esquerda. Antes do recuo, recordaria o primo décadas depois, ele queria executar o delegado Fleury, a quem considerava o grande carrasco da esquerda brasileira.[10]

A transformação de Márcio em guerrilheiro foi rápida e, para as pessoas de seu entorno, impressionante. Ele foi um dos muitos universitários que saiu do movimento estudantil direto para a luta armada.

Nascido em Ouro Fino, Minas Gerais, em junho de 1944, era o filho caçula de um empresário da educação — que fundou na década seguinte em Bauru, no interior paulista, uma próspera instituição de ensino — e foi o único da família a abraçar o socialismo. O pai, Antônio Eufrásio de Toledo, nunca teve simpatia pela esquerda. Ao contrário, no passado tinha sido um entusiasta do integralismo, movimento brasileiro inspirado no nazifascismo europeu.[11]

A militância política de Márcio aflorou na adolescência. Quando se matriculou em 1966 no curso de direito do Mackenzie, faculdade considerada um ninho de direitistas, ele já fazia parte de uma base clandestina do PCB. No ano seguinte, ao começar a estudar também na Escola de Sociologia e Política de São Paulo, próximo do Mackenzie e, por sua vez, reduto de esquerdistas, foi eleito presidente do centro acadêmico. Era considerado um caxias pelos colegas, além de ser alguém que levava a atuação política demasiadamente a sério.[12] Logo ele seria umas das lideranças do movimento estudantil em São Paulo, ao lado de nomes como José Dirceu, um dos líderes de expressão nacional entre os estudantes. Dirceu não demoraria a ser detido, ficando preso até ser incluído no grupo dos presos políticos autorizados a deixar o Brasil em troca da liberdade do embaixador americano Charles Elbrick.

Os problemas de Márcio com a polícia não demoraram. Após grandes manifestações realizadas pelos estudantes em 1968, o Dops, com a ajuda de dedos-duros, realizou no final de junho uma batida em São Paulo contra os envolvidos. Márcio foi um dos 22 detidos.[13] Pior: a prisão abortava uma viagem programada para Cuba, onde receberia treinamento militar. No apartamento do estudante, no bairro paulistano da Bela Vista, os agentes encontraram as passagens aéreas (com destino à Europa, de onde Márcio embarcaria para o Caribe)[14] e documentos que deixavam clara a relação dele e dos amigos com Marighella, líder da ALN e o responsável por enviá-los para Havana.

O primeiro a ser preso no apartamento, numa sexta-feira à noite, foi Renato Martinelli, que usava o imóvel — emprestado por Márcio — para uma despedida amorosa. Martinelli também deveria viajar para o treinamento na ilha socialista. No dia seguinte, Márcio e outros dois militantes que também embarcariam para Cuba foram encontrar Marighella em São Paulo para as últimas instruções. Eles entenderam que algo estava errado por causa da ausência de Martinelli. Márcio e os colegas (sem o comandante da ALN, habitué do imóvel, que não os acompanhou nesse dia)[15] retornaram ao apartamento e foram presos assim que entraram. A polícia estava de campana ali desde a noite anterior.

Além de jornais e documentos, dezenas de livros foram apreendidos, como *Casa-grande & senzala*, de Gilberto Freyre, *Vidas secas*, de Graciliano Ramos, uma antologia poética de Manuel Bandeira e um volume contendo tragédias de Shakespeare.[16] Os policiais ainda quiseram saber onde ele havia adquirido algumas das obras recolhidas, como *Revolução na revolução*, de Régis

Debray, *Guerrilhas e revoluções*, de Gabriel Bonnet, e *Guerrilla Warfare*, de Che Guevara.

Em depoimento, Márcio admitiu ser marxista e contrário à ditadura. Ele e os demais presos foram enquadrados na Lei de Segurança Nacional, indiciados por atos de subversão, agressão e depredação do patrimônio público nas últimas passeatas pela cidade.

A prisão de mais de duas dezenas de estudantes acabou incendiando ainda mais o movimento estudantil, que ameaçou novas passeatas na capital paulista se o governo estadual não atendesse o pedido dos jovens de libertar os colegas. O ultimato surtiu efeito: no dia 3 de julho, a Secretaria de Segurança Pública de São Paulo divulgou um comunicado informando que os estudantes "foram todos liberados após terem sido legalmente identificados e indiciados".[17]

Logo que saíram, Martinelli e outros foram procurados por emissários da ALN, que alertaram para a urgente necessidade de se protegerem. A liberdade deveria durar pouco, já que a informação difundida entre os recém-libertados era que eles estavam na mira não apenas do Dops, mas também das Forças Armadas.[18]

A viagem para Cuba foi imediatamente remarcada. Na primeira tentativa de sair do Brasil, ainda em agosto de 1968, num voo Rio-Roma, Márcio foi impedido de viajar. No aeroporto do Galeão, foi detido por algumas horas, ouvido pelos policiais e logo liberado. No mês seguinte, conseguiu partir. Passou alguns dias na capital italiana, até viajar para Havana. À família, escreveu comentando a felicidade de conhecer as ruínas do Império Romano. Márcio fez parte da segunda leva de militantes da ALN enviados para treinamento, um total de 26 pessoas.[19]

A documentação sobre o ex-guerrilheiro disponível no Arquivo Público do Estado de São Paulo mostra que o militante foi intimado pelo Dops no ano seguinte, quando já participava das atividades em Cuba. O pai se apresentou no seu lugar. Antônio Toledo disse que queria ter notícias sobre a investigação e avisou que o filho fazia cursos de extensão entre a França e a Itália. E ressaltou: não se tratava de uma fuga.[20]

No treinamento promovido pelos cubanos, Márcio se transformou num militante exemplar:[21] disciplinado, estudioso, obcecado com a formação política e militar, bem como com a forma física. Dispensava o fim de semana de folga para trabalhar voluntariamente nos centros comunitários do governo.[22] Durante as folgas nas praias cubanas, passava a maior parte do tempo no mar, dando longos tiros de braçada. Em pouco tempo, os músculos definidos chamaram a atenção dos colegas.[23]

Nos quase dois anos que viveu em Havana, Márcio teve um único incidente — justo com o futuro Judas da organização, José da Silva Tavares. Numa atividade física, Tavares quebrou o seu braço sem querer. Os dois nunca gostaram um do outro.[24]

Nove meses após voltar de Cuba, Márcio estava cada vez mais isolado. Quando foi visitar o primo, já tinha comunicado sua saída ao comando da organização, transmitindo a decisão por meio de um amigo, o também guerrilheiro José Milton Barbosa. A conversa entre os dois ocorreu na primeira quinzena de março, e um novo encontro havia sido marcado para o dia 23 daquele mês, quando Márcio finalmente entregaria a carta de despedida.

Para a ALN, a única maneira de manter o grupo seguro era com sua saída do país, e a recusa seria lembrada — e lamentada — por muito tempo. O militante conhecia boa parte da estrutura e dos guerrilheiros. Se traísse ou eventualmente fosse preso, suas informações poderiam comprometer seriamente todos eles. Como Márcio não se mostrava confiável e recusava o exílio, chegou-se a uma solução extrema: ele deveria ser eliminado.

A ideia foi apresentada por Carlos Eugênio Paz,[25] que o considerava um novo *Severino*. Não havia prova de traição, mas Clemente seguia seu instinto de sobrevivência "animal", que, como diria décadas mais tarde, tinha pouco de racionalidade. Segundo ele, Márcio "escondia suas fraquezas atrás de supostas divergências políticas". Clemente escreveria muitos anos depois: "É uma ação de sobrevivência, não nos trará glórias, nem conseguiremos jamais saber se foi ou não acertada". Márcio foi condenado à morte não pelo que fez, mas pelo que poderia fazer.

A atitude era reveladora do estado de espírito de guerrilheiros que se encontravam no limite de um enfrentamento de vida ou morte contra a ditadura. E exemplificava a chamada "síndrome da traição", uma variante da síndrome de Severino que seria desenvolvida anos depois pelo historiador Daniel Aarão Reis: a estratégia da tensão máxima que imperava dentro dos grupos armados levava a uma conclusão óbvia, na qual "deixar a organização é renunciar à revolução". Esse militante, invariavelmente, será tratado como um "traidor, que está 'objetivamente' servindo a reação, quando não a polícia". Para os que continuam na militância, escreveu Aarão Reis, a grande maioria "acreditará [...] que o ex--companheiro está 'fazendo o jogo' ou 'dando armas ao inimigo'".[26]

Numa reunião realizada dentro de um fusca, prática utilizada para deliberar questões de forma rápida e presumivelmente com maior segurança, a proposta foi aprovada por quase todos os dirigentes: Antônio Sérgio de Matos, Paulo de Tarso Celestino da Silva e Iuri Xavier Pereira. O único que se opôs foi exatamente seu amigo José Milton Barbosa, que considerava a medida descabida.

Ele não conseguiu sensibilizar os colegas sobre a loucura que era realizar aquela execução e ainda foi pressionado a participar dela. Linda Tayah, ex-guerrilheira e sua companheira à época, lembra que Barbosa viveu uma "angústia muito grande",[27] uma vez que os guerrilheiros o ameaçaram com penalidades caso não estivesse presente no justiçamento. Ele preferiu enfrentar as sanções. Não iria participar do assassinato do amigo, embora tivesse revelado o horário e o local do encontro com Márcio.

Era uma terça-feira, e os quatro dirigentes que aprovaram o justiçamento chegaram antes das dezoito horas à rua Caçapava, uma via de 140 metros entre a avenida Nove de Julho e a alameda Casa Branca (rua onde Marighella foi assassinado), no Jardim Paulista. Sem Barbosa. Juntou-se ao grupo Ana Maria Nacinovic Correia, companheira de Carlos Eugênio. Menos de trinta minutos depois, Márcio apareceu na rua, caminhando sozinho. Usava uma capa de chuva, talvez prevendo mais um dos temporais que castigavam São Paulo no final daquele verão de 1971, o mais quente dos últimos trinta anos.[28] Portava o inseparável Taurus calibre .38, uma granada de fabricação caseira e a carta que deveria entregar a Barbosa.

O justiçamento não foi anunciado nem houve tempo para nenhuma reação. Carlos Eugênio desceu do fusca acompanhado por um colega — há divergências sobre a identidade desse guerrilheiro — e os disparos foram rápidos, todos à queima-roupa. Márcio, que ainda não tinha completado 27 anos, foi alvejado por oito tiros.

Um comunicado foi deixado ao lado do corpo:

Esta execução teve o efeito de resguardar a organização. O elemento em questão chegou de um curso de treinamento guerrilheiro em meados de 70. Entrando em contato com a direção da ALN, após passar um período de adaptação e sintonização relativos a área urbana e parte da situação no campo. Durante o período que sucedeu à morte do líder Toledo, por ter faltado a pontos, perdeu contato com a organização.

Recontatado por acaso, após período longo de investigação, foi-lhe dito [sic] as circunstâncias pelas quais ficara destituído da coordenação. Contudo, foi-lhe dado [sic] tarefas de coordenação na Guanabara. Ficou assim conhecendo a estrutura da Guanabara. Nesse período participou de operações guerrilheiras em São Paulo. Na ocasião de seu deslocamento foi levantado [sic] problemas de segurança e pediu o corte de contatos em São Paulo, foi exigido seu imediato deslocamento. Recusou naquele instante cumprir sua tarefa de coordenação na Guanabara.

Foi oferecida uma oportunidade de trabalho de um grupo de fogo em São Paulo. Todo trabalho de desgaste que tinha dado com os outros níveis organizacionais passa a ser repetido no grupo de fogo e ainda somando a vacilação diante do inimigo. Pede seu desligamento da organização.

Em diversas ocasiões foi discutido profundamente seu comportamento, foi advertido de sua atividade deletéria à organização. Sua desonestidade em discutir fatos e situações foi mais de uma vez confirmada. Fazendo isso sempre para justificar suas atuações, usando ainda o método de culpar o comando naquele instante. É certo que a coordenação procurou por diversas vezes este elemento a fim de discutir o assunto. Foram ouvidos os companheiros do comando diretamente ligados a ele, foi dada a decisão. Uma organização revolucionária, em guerra declarada, não pode permitir a quem tenha uma série de informações como as que possuía, vacilações dessa espécie, muito menos suportar uma defecção desse grau em suas fileiras.

Cada companheiro, ao assumir qualquer responsabilidade, deve pesar bem as consequências desse fato. Um recuo, nessa situação, é uma brecha aberta em nossa organização. Nossa tolerância com homens como o suíço Hans nos trouxe enormes prejuízos. Elementos que tiveram atuação e vacilaram não hesitaram em passar para o inimigo — exemplo de José da Silva Tavares, traidor que entregou nosso líder Toledo.

Temperar-nos, saber compreender o momento que passa a guerra revolucionária e nossa responsabilidade diante dela é uma palavra de ordem revolucionária. Ao assumir responsabilidade na organização, cada quadro deve analisar sua capacidade e preparo. Depois disso, não se permite recuo e divergências políticas serão sempre respeitadas. Mas recuos de quem hesitou em aceitar responsabilidades tão grandes, nunca.

A revolução não admitirá recuos! Ou ficar a pátria livre ou morrer pelo Brasil![29]

O texto usava uma expressão típica do mundo policial, "elemento", para se referir a Márcio, que até algumas semanas antes era um dos principais dirigentes da organização. Mencionava ainda delatores que causaram sérias perdas à ALN, como Tavares e Hans, codinome do guerrilheiro Rudolf Jacob Manz, acusado de abrir informações sobre integrantes e imóveis usados pelo grupo após ser preso. E, mais importante, demonstrava que o engajamento com a luta armada deveria ser irreversível, sem possibilidade de recuos ou vacilações. Os jovens dirigentes adaptaram um conceito de Marighella ao radicalismo daquela fase: o centralismo democrático não se aplicava à ALN, que poderia aceitar, em última análise, somente a democracia revolucionária,[30] como deveria ser caracterizada aquela execução.

Carros do Dops e do DOI foram os primeiros a chegar à rua Caçapava. O delegado Sérgio Fleury, alvo que Márcio tanto almejava, foi quem reconheceu seu corpo. Na carteira, um documento o identificava como o advogado Sérgio Moura Barbosa,[31] nome citado pelo jornal *Diário Popular* no dia seguinte, numa nota que tratava o crime como um homicídio comum.[32] Só dias depois o caso seria descrito na imprensa como um justiçamento.

O ato foi confirmado à família de Márcio por uma parente, Maria de Lourdes Toledo, que trabalhava na agência do SNI em São Paulo. O pai e os irmãos, num primeiro momento, acreditaram que ele tinha sido assassinado pela repressão, que estaria despistando a opinião pública ao apresentar o caso como uma vingança dos guerrilheiros. Maria de Lourdes foi quem encerrou as suspeitas. Naquele dia, seus colegas do serviço secreto se surpreenderam ao descobrir que a discreta mineira do setor de arquivos era prima de um dos guerrilheiros mais procurados do país.[33]

O corpo de Márcio, levado num avião fretado pela família para Bauru, foi enterrado sob a vigilância de agentes infiltrados pelo Dops.[34] Os registros da instituição não mencionam a carta de despedida na qual Márcio descreve a situação de "completa defensiva" dos revolucionários, o que colocava em xeque "a própria confiança no método de luta".[35]

O texto repetia as críticas apresentadas nos últimos meses: não havia esforço da guerrilha para ganhar apoio popular, era impossível formar novos quadros e as ações armadas haviam anulado completamente a política. A missiva foi assinada com um de seus codinomes, Vicente.

Após quatro meses de carência marcados por contratempo, resolvi entrar em entendimentos com outros companheiros, igualmente em desacordo com a condução dada ao nosso movimento revolucionário.

Não o fiz movido por nenhum escopo de disciplina, mesmo porque disciplina pressupõe trabalho e autoridade incontestável, atributos que não reconheço em nosso atual comando.

Como já disse, nenhuma atitude por mim tomada pode ser definida como digna de caos.

Ao tomarem conhecimento de meus contatos paralelos, os companheiros do comando chamaram-me para uma discussão, a qual transcorreu num clima pouco amistoso, inclusive com o emprego, pelas duas partes, de expressões e palavras inconvenientes para uma discussão política.

Confesso que fiquei surpreso com a reação dos companheiros, por não mostrarem qualquer senso de autocrítica e somente entenderem a minha conduta como um simples ato de indisciplina. [...] Essa minha indecisão passageira foi negativa e pode haver causado má impressão e, creio, até má interpretação de meu comportamento. Tudo porque eu relutava comigo mesmo. [...] Fui integrado num grupo de fogo, esperando que finalmente poderia trabalhar dentro de uma certa faixa de autonomia e aplicar os meus conhecimentos técnicos em prol do movimento revolucionário.

Aí permaneci por mais de dois meses e qual não foi minha decepção ao verificar que também aí estava anulado.

Assim, já não há qualquer possibilidade de continuar tolerando os erros e omissões políticas de uma direção que já teve a oportunidade de se corrigir e não o fez.

Em sã consciência, jamais poderei ser acusado de arrivista, oportunista ou derrotista.

Não vacilo e não tenho atitudes opostas às minhas convicções, que considero imutáveis. Continuarei trabalhando pela revolução, pois com ela é meu único compromisso.[36]

Primeiro romance da história sobre o terrorismo,[37] *Os demônios*, do russo Fiódor Dostoiévski, narra um justiçamento inspirado em um episódio real ocorrido no século XIX: o assassinato por divergências políticas do estudante I. Ivánov após ele se afastar da luta revolucionária. Na obra, Piotr Stiepánovitch Vierkhoviénski, líder do grupo, chega à conclusão de que Chátov, personagem inspirado em Ivánov e um dos conspiradores, vai traí-los e resolve executá-lo. Chatov demonstra a intenção de delatar os camaradas às autoridades czaristas, mas as circunstâncias o levam a desistir. Vierkhoviénski consuma a execução baseada na suposta intenção de trair.

Com Márcio, mais de um século depois, acontece algo mais ou menos parecido: ele é condenado à morte pelos colegas pela suposta intenção de trair, mas com a fundamental diferença de nunca ter demonstrado nenhum sinal de que isso fosse acontecer.[38]

Para militantes como Renato Martinelli,[39] crítico da radicalização cega dos anos finais, a execução teve o objetivo de estancar a debandada dos quadros e ao mesmo tempo legitimar o novo comando da ALN. O recado entendido por muitos: a partir daquele momento, era matar ou morrer.

Assustados, Lídia Guerlenda e o namorado, o guerrilheiro Gelson Reicher, questionaram o comando da organização: as divergências políticas a partir daquele momento seriam resolvidas à bala? Eles souberam do crime num encontro com José Milton Barbosa, que se mostrou muito abatido e constrangido com o assassinato do amigo. O casal soube ali que ele não concordava com a decisão nem havia participado dela. Pernambucano de Bonito, Barbosa teve poucos meses de vida pela frente: foi assassinado pela repressão no final de 1971, quando era um dos vinte militantes mais procurados pela ditadura.[40]

Lídia e o namorado se reuniram com os dirigentes da ALN pouco depois do justiçamento. O objetivo era tratar da ampliação dos contatos da guerrilha, mas a execução virou o assunto central da conversa. Os dois questionaram os colegas e escutaram que não havia outra solução. A execução foi defendida como uma situação-limite, um mal necessário.[41]

"Cheguei a falar em assassinato, mas o Carlos Eugênio rebateu: 'Assassinato, não, justiçamento!'", recordou Lídia.

A notícia causou perplexidade em muitos militantes. No Chile, o caso provocou discussão entre os exilados. Luiz José da Cunha, o *Crioulo*, próximo do comando da ALN e presente em Santiago à época, foi o único a defender a ação.[42]

O justiçamento chamou a atenção dos militares, que passaram a acompanhar os desdobramentos do caso nos interrogatórios dos militantes que eram presos.[43] O Cisa, serviço secreto da Aeronáutica, observou que o episódio era usado por guerrilheiros descontentes para criticar a crescente radicalização. O órgão[44] referia-se a um pedido feito por integrantes da ALN para a organização discutir o "militarismo", o que foi recusado porque "as posições políticas [...] continuam, no fundamental, válidas".

"Uma das causas do racha foi justamente a ênfase em atos de terrorismo, relegando a um plano secundário o trabalho político", observou o Centro de Informações do Exército.[45]

Menos de um mês depois do assassinato de Márcio, a ALN formou um comando com membros do pequeno MRT para realizar outra execução de grande impacto na opinião pública, agora com um componente político muito mais potente: a do industrial Henning Albert Boilesen, um dinamarquês naturalizado brasileiro, de 55 anos, que tinha sido diretor da Fiesp e era presidente da Ultragaz. O alvo era uma unanimidade: colaborador do DOI e um dos financiadores da Oban, Boilesen participava de campanhas contra a esquerda desde o início da ditadura e tinha o sádico gosto de acompanhar sessões de tortura, sendo visto algumas vezes pelos presos políticos seviciados, o que confirmou a sua relação com o aparato repressivo. Apesar de anticomunista notório, tinha profunda admiração por Chico Buarque, a quem julgava um gênio.

Seu assassinato foi considerado um justiçamento pelas organizações, que decidiram eliminá-lo em resposta aos assassinatos e torturas dentro das prisões. Uma rara ocasião em que a justiça revolucionária foi aplicada pelos guerrilheiros sem os erros de avaliação vistos nos casos dos injustiçados. O industrial era um dos figurões da elite que apoiava — inclusive financeiramente — os porões da repressão.[46] Os guerrilheiros não demoraram a compreender a ligação que havia entre os veículos da Ultragaz e os órgãos de segurança, que utilizavam carros cedidos pela empresa em operações contra os militantes. Logo descobriram o papel de Boilesen em toda a engrenagem e perceberam como o dinamarquês era um alvo relativamente fácil, pois circulava em São Paulo sem seguranças, dirigindo o próprio Galaxie.

Participaram da ação integrantes do MRT e da ALN, alguns deles presentes no justiçamento de Márcio, como Carlos Eugênio, Iuri (o primeiro a apertar o gatilho do fuzil Mauser contra o industrial, após seu veículo ser emparedado)[47] e Antônio Sérgio de Matos. O industrial saiu do carro e tentou correr, mas levou pelo menos cinco tiros nas costas e dezenas na cabeça. Como nos justiçamentos dos colegas de luta armada, os autores deixaram um panfleto anunciando as razões e ameaçando os demais empresários que financiavam a repressão: em breve eles também iriam sentir o "peso da justiça revolucionária".

Do quinteto que participou da execução de Márcio, somente Carlos Eugênio Paz sobreviveu à ditadura. O primeiro a ser assassinado foi Paulo de Tarso Celestino, que desapareceu no Rio em julho de 1971 após ser preso por agentes do DOI com uma militante.[48] Tinha 27 anos — era um dos mais velhos na ativa. Nascido no interior de Goiás, formado em direito na Universidade de Brasília e pós-graduado na Sorbonne, na França, era outro treinado militarmente em Cuba. Seu pai, o advogado Pedro Celestino, deputado federal por Goiás, foi um dos políticos cassados pelo AI-5.

Dois meses depois foi a vez de Antônio Sérgio de Matos, conhecido pelo codinome Uns e Outros. Na clandestinidade desde 1969, ele vivia e atuava em São Paulo, onde foi assassinado — com outros dois colegas — numa emboscada do Exército.[49] Tinha 23 anos.

Iuri e Ana Maria morreram juntos, em junho de 1972, ao

lado de um colega militante,[50] em outra emboscada da repressão. Os três, mais o guerrilheiro Antônio Carlos Bicalho Lana, estavam almoçando no restaurante Varella, no bairro paulistano da Mooca, quando foram surpreendidos pelos agentes. Tudo indica que o proprietário do restaurante os reconheceu nos cartazes de procurados políticos e avisou a polícia. Essa versão é difundida por ex-agentes da repressão, consta em documentos dos órgãos de segurança e aparece ainda no Quedograma,[51] como ficou conhecido o documento produzido por presos políticos de São Paulo sobre as quedas dos militantes da luta armada.

Bicalho Lana conseguiu escapar nesse dia — mas apenas por mais alguns meses, até ser executado em nova emboscada, numa roda-viva que eliminou centenas de jovens. Iuri não tinha completado 24 anos. Ana Maria, uma carioca que foi pianista na adolescência, tinha 25.

Para vingar os guerrilheiros, a ALN executou meses depois o dono do Varella, o português Manuel Henrique de Oliveira. Ele foi alvejado — um caso clássico de justiçamento de inimigos, conforme evidenciava o panfleto deixado na ação — na porta de seu restaurante, logo após abri-lo pela manhã. Ao analisar o caso, a agência do SNI em São Paulo anotou numa apreciação interna que "ficou explícito que essa organização alcançou uma nova fase, denominada de atos de vingança".[52] Não se sabe exatamente como se deu a decisão de eliminar Manuel, mas ela foi referendada pelo comando da ALN na capital paulista e certamente passou por Carlos Eugênio Paz, líder do grupo no estado e que com a delação do português perdeu um dos amores de sua vida (Ana Maria) e um de seus melhores amigos (Iuri).

O guerrilheiro continuou em São Paulo por mais alguns meses, passando pelo Nordeste antes de deixar definitivamente o Brasil em 1973. Exilado primeiro em Cuba, depois na Europa, Carlos Eugênio retornou ao país somente em 1981. "Pegaram minha mãe em 1974, em São Paulo: ela passou um mês torturada pelo delegado Sérgio Fleury. Minha irmã foi torturada. Minha companheira que tive na vida foi fuzilada. Com todas essas pessoas que iam morrendo, eu morria junto também."[53]

No Brasil, ao voltar, foi professor de música e tentou enveredar na política, candidatando-se (sem sucesso) a uma cadeira na Câmara dos Deputados. Escreveu dois livros sobre o período armado, classificados como memórias romanceadas. As obras foram criticadas por alguns ex-companheiros, que viram nos relatos um reflexo do que ele foi como militante: nada de política, só tiros e ação. Diferentemente da imensa maioria dos guerrilheiros, Clemente nunca deixou de falar sobre as ações do passado e de reconhecer sua responsabilidade nelas, ainda que muitas vezes tenha exagerado na própria atuação. Em um de seus livros, disse ter se tornado, no auge da luta armada, a "esperança coletiva" para a guerrilha brasileira, devido ao fato de nunca ter sido preso.[54] A psicanálise e a música, segundo ele, o ajudaram a superar alguns traumas.[55] Ele considerou o assassinato de Márcio o ato mais polêmico da ALN:

> Era uma decisão de organização, não assumo sozinho. [...] Não sou louco de decidir uma coisa dessa sozinho. [...] A ALN considerou que ele passava a ser um perigo para a própria organização, porque era dirigente, pela quantidade de informações que ele tinha e pelo fato de que estava abandonando companheiros à própria sorte num combate. É essa a questão.[56]

Clemente disse várias vezes que nunca se arrependeu da execução.[57] Morreu aos 68 anos, em junho de 2019, de um câncer na laringe. Ao se despedir dos amigos, disse que não tinha motivos para se lamentar, já que havia vivido cinquenta anos a mais do que a maioria dos seus companheiros. O ex-guerrilheiro admitiu no início daquela década, em entrevista ao jornalista Geneton Moraes Neto, que disparou contra Márcio Leite de Toledo. "Se pensarem com a cabeça de hoje sobre o que aconteceu há quarenta anos, no meio de uma guerra onde éramos caçados nas ruas, vão considerar [um] erro. Mas é luta armada [...]. Não torturamos ninguém na covardia."

Exatamente quatro décadas mais tarde, ex-colegas de Márcio — da ALN e do movimento estudantil — organizaram um ato de desagravo à sua memória. Um guerrilheiro disse se sentir um "pouco culpado" por sua morte, mesmo que na época estivesse preso.[58] Trata-se ainda de um tabu para alguns ex-militantes do grupo.[59]

Ainda em 1971, exilados brasileiros em Cuba discutiram o crime com João Batista Xavier Pereira, pai de Iuri e veterano comunista que atuara ao lado de Marighella nos tempos do PCB. Conhecido pelo apelido de Zé do Bonde, ele classificou a execução — na qual o filho participou — de "processo stalinista".[60]

Em K: Relato de uma busca, o jornalista Bernardo Kucinski recria a saga de seu pai na busca por informações da filha e do genro, Ana Rosa Kucinski e Wilson Silva, guerrilheiros da ALN assassinados pela repressão. No romance há referências ao radicalismo crescente após o justiçamento de Márcio, quando "entramos no jogo da ditadura de nos liquidar a todos", enquanto "poderíamos ter poupado tantas vidas". O casal foi sequestrado em São Paulo em abril de 1974 e nunca mais foi visto. Os dois foram delatados, soube-se depois, por um colega militante recém-recrutado pelo Exército para atuar como agente duplo.

Um dos capítulos finais do livro, "Mensagem ao companheiro Klemente",[61] é uma carta de um certo Rodríguez — poderia ser perfeitamente uma mensagem real do cunhado do autor, mas a carta nunca existiu — com críticas à cegueira daqueles tempos.

85

A Organização mentiu no comunicado. Márcio não foi executado para resguardar a Organização. Foi executado para dar um recado, quem vacilar vai ser julgado como traidor. [...]

Até na justiça capitalista, quando não há unanimidade não se condena à morte. Vocês condenaram sem prova, sem crime tipificado. Incorporaram o método da ditadura; até a linguagem de polícia.

ATO 4. Combate, sangue e morte

Elza e os justiçamentos revolucionários; os inimigos devem ser castigados

O justiçamento de Márcio não foi o primeiro a sacudir as fileiras da esquerda brasileira. Trinta e cinco anos antes, durante a onda repressiva do governo de Getúlio Vargas contra os envolvidos no fracassado levante comunista liderado por Luís Carlos Prestes, o PCB executou a namorada de seu secretário-geral pela suspeita — também infundada — de traição. Antes dela, um outro jovem integrante do partido já havia sido justiçado.

Elvira Cupello Caloni, conhecida entre os camaradas pelo codinome Elza Fernandes, não tinha completado dezoito anos quando foi asfixiada no quintal de uma casa no subúrbio do Rio. Seu companheiro era Antônio Maciel Bonfim, o Miranda, um dos dirigentes do partido.

Elza foi duplamente traída: antes de ser assassinada, foi presa graças ao trabalho do alemão Johnny de Graaf,[1] um dos maiores espiões em atuação no mundo na primeira metade do século XX. Despolitizada e sem estudos, a paulista de Sorocaba pouco sabia dos planos, embora tivesse participado com Miranda de algumas reuniões sobre a revolução apoiada por Moscou, que buscava implementar um regime comunista no maior país da América do Sul.

Uma das estrangeiras enviadas pelo Comintern para a empreitada era a alemã Olga Benário. Foi destacada para dar segurança a Prestes, e os dois se apaixonaram ainda na viagem para o Brasil.

Outro dos gringos envolvidos na aventura era exatamente De Graaf, especializado em explosivos e que respondia diretamente ao Estado-Maior russo. Incumbido de recrutar e desenvolver células comunistas dentro e fora das Forças Armadas, sua verdadeira lealdade estava com o MI6, o serviço secreto britânico.[2]

Ao mesmo tempo que participava dos preparativos no Rio e no Nordeste, De Graaf alimentava Londres com informações sobre o complô. Seu superior no Brasil, a quem enviava seus relatórios, era Alfred Hutt, superintendente da companhia de energia elétrica Light e o principal agente do MI6 em solo brasileiro. Hutt, por sua vez, repassava os documentos à embaixada inglesa, e de lá eles chegavam a Londres. A inteligência selecionava os dados e os entregava ao ministro do Exterior, Osvaldo Aranha, que por sua vez os remetia para Getúlio Vargas e seu temido chefe de polícia, Filinto Müller.[3]

Por meio das informações do agente duplo, as autoridades brasileiras conseguiram frustrar — com facilidade — a rebelião que estourou em novembro de 1935. De Graaf sempre duvidou da capacidade dos comunistas de derrubar Vargas, opinião que fez chegar aos chefes na União Soviética e que seria crucial para continuar mantendo sua dupla função.

O alemão estava na origem da queda de quase todo mundo, com exceção de Prestes e Olga — e isso porque não sabia exatamente onde o casal estava escondido.[4] Miranda e Elza caíram na primeira quinzena de janeiro de 1936. Ficaram detidos na Polícia Central, local de horrores do governo Vargas, símbolo da repressão do Estado Novo, que não iria dever nada em matéria de brutalidade e sadismo àquela da ditadura de 1964. Miranda foi quem mais apanhou — chegou a perder um dos rins na tortura. Um militante que o viu na prisão relatou que Miranda tinha equimoses por todo o corpo, o nariz quebrado e as unhas perfuradas com agulhas — um membro da equipe de Filinto, conforme narrou Fernando Morais na biografia de Olga, era famoso por apertar os membros dos presos com um quebra-nozes.[5]

Elza deixou a prisão no final de janeiro, após duas semanas. Disse ter apanhado pouco: um puxão no cabelo, duas bordoadas de borracha nas costas, duas na planta de cada pé e uns seis cachações.[6] As condições de sua soltura causaram estranheza. Ela poderia visitar Miranda na prisão quando quisesse, um mistério nunca desvendado. O que queria a polícia? Provavelmente mantê-la sob vigilância, talvez pela convicção de que não representasse perigo.

Elza passou a visitar o companheiro com frequência e levava bilhetes dos colegas livres. Essa conduta foi suficiente para transformá-la numa potencial informante. Histórias inverossímeis repetidas por ela aos camaradas, como a de que fora colocada em liberdade porque a polícia ficara com pena de sua pouca idade,[7] contribuíram para agravar a situação.

Muitos comunistas desconfiavam também de Miranda, mas sua postura na cadeia era irreparável. Os revolucionários estavam certos de que um deles colaborava com a polícia, mas só muitas décadas depois descobririam que se tratava do insuspeito De Graaf.

Numa das primeiras cartas em que tratou do caso Elza, Prestes afirmou que as cartas levadas por ela "parecem escritas ou pelo menos ditadas pela polícia".[8] Já nos primeiros dias de fevereiro de 1936, os comunistas começaram a falar em "medidas extremas".

Levada para uma casa no subúrbio do Rio, Elza foi mantida sob vigilância e interrogada. Até Pavel Stuchevski, um ucraniano especializado em inteligência enviado pelo Comintern, apareceu no imóvel para ajudar com as perguntas. As respostas, rasas, foram consideradas incongruentes.

"Ela diz somente o que lhe ensinaram na polícia", decretou em outra carta Prestes, um dos mais convictos sobre a suposta colaboração da jovem. Ele a definia como "uma inocente útil", "pessoa de precária formação política, quase ignorante".[9]

A correspondência não deixava dúvidas sobre a responsabilidade do Cavaleiro da Esperança no justiçamento da jovem, embora ele tenha passado a vida dando versões diferentes e negando envolvimento. Anos mais tarde, após romper com o PCB, o jornalista e escritor Osvaldo Peralva traçou um ácido retrato do ex-companheiro, dizendo que Prestes — a exemplo do integralista Plínio Salgado — sempre pensou de acordo com a natureza do regime que pregava: de modo autoritário, "seguindo fielmente a linha tática stalinista".[10]

Apesar das ponderações de que a execução de Elza poderia ser precipitada e se tornar um escândalo diante dos fracos indícios de sua traição, o justiçamento foi realizado no dia 2 de março de 1936.

Após servir café aos dirigentes na casa onde estava isolada, ela foi imobilizada por cinco homens e asfixiada com uma corda de varal. Num curto discurso, os presentes a consideraram uma "bandida".

As cartas trocadas entre Prestes e os dirigentes do PCB tornaram-se peças centrais do processo sobre o assassinato da adolescente, realizado pelo Tribunal de Segurança Nacional em 1940, quando o cadáver foi encontrado. Quatro anos antes, quando Prestes e Olga foram presos numa casa no Méier, subúrbio do Rio, a polícia apreendeu no imóvel uma série de documentos, manuscritos e correspondências que ajudariam na condenação do líder comunista e de seus companheiros. A polícia política de Filinto Müller procurou Prestes por meses. Ele só foi localizado graças à tortura empregada pelos agentes contra os militantes do partido. Na delegacia, ele e Olga se viram pela última vez: grávida, a alemã foi deportada por ordem de Getúlio Vargas para seu país natal, onde morreu num campo de concentração (sua filha nasceu na prisão e foi entregue posteriormente à avó paterna). Prestes passaria nove anos preso após receber duas sentenças: uma de dezessete anos pela participação no levante comunista e outra de trinta anos por ser considerado o mentor do justiçamento de Elza.

A historiadora e ex-guerrilheira Anita Leocádia Prestes, a filha que nasceu na Alemanha hitlerista, criticou o assassinato décadas depois,[11] numa biografia que escreveu sobre o pai: "Da mesma forma como fora falsa a avaliação feita pelo PCB da situação política do país, caracterizada então como supostamente 'revolucionária', foi errônea, desnecessária e inaceitável, nas condições então existentes, a solução adotada para o caso de Elvira Cupello Caloni".

Após a morte da namorada, sentindo-se traído e abandonado, Miranda passou a colaborar com a polícia. Expulso do partido, deixou a cadeia após a anistia de 1945. Tuberculoso e debilitado fisicamente, ele morreu na Bahia no final daquela década.[12]

Dois anos antes do caso Elza, outro jovem — este sim comunista — foi justiçado por integrantes do PCB. Tratava-se do estudante carioca Tobias Warchavski, de família judia, que era chargista, estudante da Escola Nacional de Belas Artes e integrante da Juventude Comunista. Homossexual e visto por muitos colegas da esquerda como um provocador, Tobias foi acusado de entregar um colega do partido à polícia. Seu corpo foi encontrado nas proximidades da estrada dos Macacos, na Floresta da Tijuca, em novembro de 1934.[13] Há poucas informações sobre como se deu a decisão de eliminá-lo.

O governo Vargas acusou os partidários do jovem pelo crime, mas logo o PCB o apresentaria como vítima da repressão policial, transformando-o em símbolo da perseguição do Catete contra os comunistas. Na década de 1990, quando foram abertos os arquivos da antiga União Soviética referentes ao Brasil, documentos indicavam que ele foi justiçado.[14]

Há algumas similitudes na atuação da esquerda brasileira — em especial a extrema esquerda que pegara em armas — nos anos 1930 e, depois, no início dos 1970: a pena de justiçamento foi aplicada contra colegas inocentes num momento em que os revolucionários estavam acuados e imersos numa guerra contra a repressão, sendo presos, torturados ou mortos. Em ambos os períodos os movimentos falharam ao analisar a conjuntura, fazendo crer que estavam dadas as condições para a revolução. Coincidentemente, as duas organizações que recorreram às execuções de guerrilheiros como atos de justiça revolucionária entre 1971 e 1973 — ALN e PCBR — tiveram origem no Partido Comunista Brasileiro, que previa o justiçamento para três casos: colaboração com a polícia, traição ao partido e traição à revolução. O PCB não aderiu à luta armada após o golpe de 1964, motivo do racha que geraria várias organizações na segunda metade da década de 1960.

De Graaf deixou o Brasil no início de 1936 e voltou dois anos depois — ainda como agente duplo. Sua longa carreira de espião o levou para Argentina, China, Manchúria, Romênia, Estados Unidos, Alemanha do pós-guerra e Canadá, onde se aposentou. Quando os russos descobriram a verdade sobre ele, nos anos 1950, já era tarde para eliminá-lo.[15]

Assassinar traidores não é exclusividade dos movimentos revolucionários comunistas. Da Independência dos Estados Unidos à Revolução Francesa, passando pelas resistências europeias ao nazifascismo na Segunda Guerra Mundial, a prática disseminou-se sobretudo entre a esquerda por seu esperado caráter pedagógico dentro do imaginário comunista. Fazia parte da cultura política do militante que abandonava a vida e as relações pessoais para fazer parte de um grupo de elite que iria comandar a revolução: há regras de conduta para todos os integrantes de uma organização e o traidor deve ser severamente punido. No caso das guerrilhas, historicamente elas sempre tentaram impor o próprio sistema de justiça sobre as pessoas e o território que pretendem dominar.[16]

A eliminação de alguém que se torna inconveniente para determinado grupo ou instituição também esteve presente no cotidiano dos militares brasileiros durante a ditadura. O primeiro assassinato do regime, um tenente-coronel da Aeronáutica morto dentro de uma unidade militar logo após o golpe de 1964, se assemelha a um caso de justiçamento. Trata-se de Alfeu de Alcântara Monteiro, um gaúcho que entrou aos vinte anos para a Escola da Aeronáutica e tornou-se quatro anos depois tenente-aviador, servindo em cidades como Natal, Fortaleza e São Paulo. No Rio de Janeiro, Monteiro frequentaria um curso superior de comando na Escola do Estado-Maior da Aeronáutica quando eclodiu a crise que resultou na deposição de João Goulart. À época, o tenente-coronel tinha a pecha de comunista por ter se recusado a participar do bombardeio do Palácio Piratini, em Porto Alegre, onde o governador Leonel Brizola organizara em 1961 uma resistência para garantir a posse de Jango, que, como vice-presidente, sofreu pressão dos militares para não assumir a presidência após a renúncia de Jânio Quadros.

Três anos depois, com o golpe consumado, os militares trataram de prender ou expulsar das três Forças os considerados comunistas ou que tinham simpatias pela esquerda — até os ditos legalistas foram punidos. O expurgo fez milhares de vítimas, e uma delas foi Alfeu de Alcântara Monteiro. No dia 4 de abril, ele foi convocado para comparecer ao gabinete do novo comandante do Quartel-General da 5ª Zona Aérea de Canoas, no Rio Grande do Sul. Naquele dia chegara o novo chefe, o brigadeiro Nélson Freire Lavanère-Wanderley, acompanhado do coronel Roberto Hipólito da Costa, sobrinho do primeiro ditador do regime, Castelo Branco. O tenente-coronel Monteiro acabou executado na sala do comandante com dezesseis tiros.

A versão oficial, difundida ao longo de décadas, dizia que o militar fora assassinado após tentar matar o superior. Em 2019, por decisão da Justiça Federal, o atestado de óbito de Monteiro — que originalmente não citava os tiros — foi modificado para atestar "morte violenta" com a seguinte observação: "Hemorragia interna consecutiva a ferimentos de vísceras abdominais causados por disparos de arma de fogo". A sentença que motivou a mudança de versão ressalta que o militar foi morto em um "ato de exceção" em "contexto de violação a direitos humanos, por motivações político-ideológicas decorrentes do regime militar instaurado".[17]

Outro assassinato realizado pelo submundo militar durante a ditadura foi o do jornalista Alexandre von Baumgarten, morto por agentes do SNI em 1982. Por muito tempo sua morte foi relacionada à tentativa fracassada de reativar a revista *O Cruzeiro*, mas, no último dos cinco livros que escreveu sobre a ditadura, Elio Gaspari sustenta que Baumgarten foi assassinado por ser um sujeito que "sabia muito [e] falava demais". No caso, os segredos passavam pelo comércio de pasta de urânio entre Brasil e Iraque, o que colocava a negociação em risco. Baumgarten estaria trabalhando num texto (que seria a base de um futuro romance, misturando fatos reais e ficção) sobre o programa brasileiro para comercializar urânio.[18]

Jornalista com ligações com o sni, inclusive em parcerias financeiras malsucedidas, Baumgarten foi morto após sair para pescar com a esposa, no Rio de Janeiro. Seu corpo foi encontrado boiando na praia da Macumba, na Zona Oeste carioca, com dois tiros na cabeça e um no abdômen. Sua esposa, o barqueiro que acompanhara o casal e a traineira onde todos estavam não foram mais vistos. "Deu cagada e o corpo voltou", afirmou o coronel da reserva do Exército Paulo Malhães em depoimento à Comissão da Verdade do Estado do Rio de Janeiro em março de 2014.[19] Envolvido em diversos crimes na ditadura, Malhães foi assassinado um mês depois do depoimento, ocasião em que apontou outro colega de Exército, Freddie Perdigão, como responsável pela morte de Alexandre von Baumgarten.

São dois exemplos de execuções sob responsabilidade dos militares, mas há outros casos suspeitos, como o desaparecimento do delegado Fleury em 1979, um ex-campeão de natação que oficialmente morreu afogado — sua saída de cena, envolta em teorias e suposições, mas sem a existência de prova de assassinato, foi conveniente para a ditadura durante a abertura lenta e gradual.

O justiçamento, conforme empregado dentro da luta armada brasileira — guerrilheiros julgando guerrilheiros —, remonta à Rússia czarista do século xix. À época, dezenas de grupos tentaram derrubar o regime, o que só viria a acontecer definitivamente em 1917.

O historiador Daniel Aarão Reis vê semelhança entre a ética guerrilheira do movimento russo e do brasileiro, no século seguinte:[20] "Como os populistas na Rússia, fomos anjos vingadores, aqueles que vão vingar o sofrimento do povo. Os russos também se moviam pela ética. Foda-se que vamos morrer, que não há condições para a revolução. Tem que fazer porque é justo. Se o povo quiser vir, que venha. Se não, tudo bem. Fazê-la era um imperativo ético e moral".

Traições e fuzilamentos marcaram a Rússia revolucionária nos anos finais dos Románov, dinastia que comandou o país até a Revolução Bolchevique. O modo de luta desenvolvido naqueles anos influenciou os movimentos da esquerda em todo o mundo.

Lênin, Stálin e Trótski, personagens que no imaginário comunista combinam mito e utopia, acreditavam que o processo revolucionário deveria operar a partir de "combate, sangue e morte". Após a morte de Lênin, Stálin assumiu o poder soviético e instituiu o Grande Terror, que exterminou milhões a partir dos anos 1930, inclusive o desafeto Trótski. O stalinismo, mesmo após os horrores admitidos publicamente a partir de 1956, ainda seria defendido por muitos e muitos anos — até hoje ele tem adeptos, inclusive no Brasil. Os bolcheviques se inspiraram num livro popular na Rússia no final do século XIX, *Catecismo revolucionário*, de Serguêi Netcháiov, que pregava: "Todos os sentimentos ternos pela família, amizade, amor, gratidão e até honra precisam ser esmagados pela paixão exclusiva pelo trabalho revolucionário".

Stálin sempre teve faro para os "fantasmas", como chamava os traidores e infiltrados pela polícia. Era uma obsessão e marcou profundamente o expurgo promovido por seu regime. Segundo o biógrafo Simon Sebag Montefiore, o primeiro assassinato ordenado por Stálin, provavelmente em 1902, foi o de um traidor.

Apesar da preocupação, nem Lênin nem Stálin escaparam de ser ludibriados pelos espiões cooptados pela Okhrana, a polícia secreta dos Romanov.[21] O caso mais emblemático é o do major Roman Malinóvski, um revolucionário bolchevique que ascendeu à cúpula do partido — quando já tinha uma condenação por estupro. Eleito deputado antes da Revolução de 1917, era reconhecido como um dos grandes oradores da Rússia. Lênin e Stálin eram fascinados por ele e tornaram-se amigos. Malinóvski, no entanto, era um dos mais bem pagos agentes duplos da Okhrana. Denunciado por uma ex-amante, Malinóvski continuou sendo defendido pelos comunistas por muitos anos. Só foi desmascarado após a queda do tsar, quando os bolcheviques encontraram documentos que revelavam sua atuação numa série de quedas, inclusive na última prisão de Stálin na Sibéria. Malinóvski foi condenado à morte em 1918. "Não estou pedindo misericórdia! Sei o que me espera, eu mereço",[22] disse. Lênin comentou: "Que porco: o fuzilamento é bom demais para ele".

Para os brasileiros, a experiência russa e dos chineses liderados por Mao Tsé-tung anos depois foi objeto de estudos e discussões, mas nada os encantou tanto quanto a Revolução Cubana, triunfante no primeiro dia de 1959. Os novos ícones de toda uma geração de militantes na América Latina passaram a ser Che Guevara, Fidel Castro, Camilo Cienfuegos e até o filósofo francês Régis Debray, autor de um livro que se tornou popular na época — *Revolução na revolução*, em que defende o campo como único lugar possível para a vitória revolucionária, classificando as cidades como "túmulo da revolução" e os guerrilheiros urbanos como "acomodados burgueses da esquerda".

A tese do foquismo — ou teoria do foco — promovida por Guevara e Debray ganhou muitos adeptos no Brasil e uma reinterpretação singular, acentuando em alguns casos a crítica, já existente, em relação ao imobilismo dos partidos comunistas, aspecto que marcara a militância de esquerda desde o golpe de 1964. O foquismo foi fortemente influenciado pela Revolução Cubana: as esquerdas passaram a acreditar na possibilidade de uma revolução socialista por meio de uma guerra de guerrilhas, acreditando haver na América Latina naquela época as condições para isso. Forças irregulares poderiam vencer uma guerra contra forças regulares (como aconteceu em Cuba), e nem sempre se podia esperar que as condições estivessem maduras para a revolução. Era preciso arriscar com um foco insurrecional sustentado por grupos de homens armados. Uma vez iniciados os combates, as massas populares se juntariam aos guerrilheiros e eles formariam uma só força, aumentando o potencial ofensivo até a tomada do poder. Não funcionaria. Historiadores da luta armada, como Jacob Gorender, ressaltam uma novidade trazida pela teoria, perceptível na fase final da guerrilha urbana: a ideia da primazia do fator militar sobre o político, o que permearia inúmeras discussões.

Assassinado na Bolívia em outubro de 1967, Guevara pregava que o revolucionário deveria agir sob um código ético-moral vanguardista, antiburguês, solidário e — não menos importante — severo, o que incluía a preparação militar. Após Fidel ser empossado como comandante em chefe da Revolução Cubana, o argentino publicou um artigo em que define o guerrilheiro como "combatente da liberdade por excelência", "o lutador da vanguarda do povo na sua luta pela libertação", cujo dever de disciplina provém "não da obediência cega a uma hierarquia militar", mas da "profunda convicção como indivíduo" da sua causa. Guevara creditava o sucesso da Revolução Cubana a Fidel e sua capacidade de criar um "exército puro", que resistiu a todo tipo de "comuns tentações "do homem". E isso só foi possível graças à "rígida consciência do dever e da disciplina" de cada rebelde.[23]

Em Cuba, como em outras tantas ditaduras (comunistas ou não), os expurgos visavam inimigos, traidores e dissidentes. Durante a campanha em Sierra Maestra, antes de a Revolução triunfar, "comissões disciplinares" foram organizadas para julgar a conduta dos combatentes. Guevara foi descrito como impiedoso contra espiões e covardes. "A guerra é dura e, em uma época em que o inimigo intensificava sua agressividade, não se podia tolerar nem a suspeita de traição", escreveu.[24]

O primeiro traidor abatido em Sierra Maestra foi executado por ele. Tratava-se de Eutimio Guerra, um informante do Exército cubano que se infiltrou no movimento rebelde com o objetivo de matar Fidel Castro. Guevara tomou nota da execução, ocorrida em fevereiro de 1957. Segundo o jornalista Jon Lee Anderson, biógrafo do líder argentino, o justiçamento foi fundamental para o crescimento de sua mística entre guerrilheiros e camponeses, rendendo-lhe respeito e a fama de sangue-frio. O próprio guerrilheiro descreveu a execução no seu diário:

> Era uma situação desconfortável para as pessoas e para [Eutimio], de modo que acabei com o problema dando-lhe um tiro com uma pistola calibre .32 no lado direito do crânio, com o orifício de saída no [lobo] temporal direito. Ele arquejou um pouco e estava morto.[25]

Che Guevara tentou exportar seu modelo de revolução para a África e a Bolívia, sem sucesso. Um de seus sonhos era voltar para a Argentina natal, país que viria a ter a ditadura mais violenta da América Latina — assim como um dos maiores grupos da esquerda armada do continente, os Montoneros, que também recorreram aos justiçamentos.

Historiadores argentinos não são unânimes quanto ao número de militantes executados pelos colegas, que varia entre oito e vinte. Todos foram condenados por traição e por serem considerados "fracos" ao não suportar a tortura. Foi o caso do estudante Fernando Haymal, que, durante um interrogatório no qual era seviciado, abriu a localização de um aparelho, resultando na prisão de dez pessoas.

Ao tratar do caso Haymal, em agosto de 1975, os Montoneros apresentaram uma estatística a respeito: até aquele momento, cerca de mil integrantes tinham sido torturados, dos quais 95% não forneceram informações importantes, 4% haviam falado alguma coisa aos interrogadores e apenas 1% contaram tudo o que sabiam. "A tortura é perfeitamente suportável. Não é um problema de resistência física, mas sim de segurança ideológica, já que havia companheiros de pouca força física que superaram totalmente essa situação",[26] observou o grupo no tribunal que executou Haymal.

A vida guerrilheira impunha códigos e regras. Só militantes disciplinados e preparados militarmente seriam capazes de enfrentar uma ditadura por meio de uma guerra irregular e, em última análise, fazer a revolução. O guerrilheiro deveria "lutar 'implacavelmente' e 'simultaneamente' contra os desvios opostos do 'direitismo' e do 'esquerdismo'".[27]

O modelo apresentado muitas vezes era de um super-homem que deveria ser "agressivo e violento, recorrendo sem cessar à sabotagem, [ao] terrorismo, às expropriações, assaltos, sequestros [e] justiçamentos", conforme ensinava o líder da ALN, Carlos Marighella, num livro de 51 páginas adotado como uma bíblia pelos adeptos da luta armada.

Libelo da vida revolucionária que encantou a repressão por seu didatismo, o *Minimanual do guerrilheiro urbano*, finalizado em junho de 1969, compilava "a experiência pessoal de um grupo de homens que lutam à mão armada no Brasil".[28] Tratava-se de uma peça de propaganda que reunia os erros e acertos da ALN, sobretudo de sua seção paulista.

A violência era a razão de ser do guerrilheiro, escreveu Marighella. O biógrafo Mário Magalhães notou no manual a influência de uma mensagem enviada por Guevara, da Bolívia, pouco antes de morrer. Nela, estimulava "o ódio intransigente ao inimigo, que impulsiona [o] ser humano e o converte em uma efetiva, violenta, seletiva e fria máquina de matar".

Como o argentino, Marighella considerava os espiões, os traidores e a polícia inimigos do povo que deveriam ser devidamente "castigados".

O perigo da traição está presente e o inimigo o fomenta e nutre, e infiltra espiões na organização. As técnicas do guerrilheiro urbano usadas contra esta tática do inimigo são de denunciar publicamente os traidores, espiões, informantes e provocadores. [...] O pior inimigo da guerrilha e o maior perigo que corremos é a infiltração em nossa organização de um espião ou informante. O espião apreendido dentro de nossa organização será castigado com a morte. O mesmo vale para o que deserta e informa a polícia. [...]

Execução é matar um espião norte-americano, um agente da ditadura, um torturador da polícia, ou uma personalidade fascista no governo que está envolvido em crimes e perseguições contra os patriotas, ou de um dedo-duro, informante, agente policial, um provocador da polícia. [...] A execução é uma ação secreta na qual um número pequeno de pessoas da guerrilha se encontram envolvidos [sic]. Em muitos casos, a execução pode ser realizada por um franco-atirador, paciente, sozinho e desconhecido, e operando absolutamente secreto e a sangue-frio.[29]

Matar — e morrer — fazia parte da vida guerrilheira, embora poucos estivessem preparados para essa realidade.[30] "Como vocês querem fazer uma revolução sem fuzilar gente?", perguntou Lênin aos camaradas russos após tomar o poder em 1917.[31]

Na virada da década de 1970, o tempo médio de atuação de um militante clandestino não passava de um ano —[32] o caminho quase sempre era a prisão, a morte ou o exílio. A metáfora dos revolucionários russos continuava válida para o Brasil: os guerrilheiros, assim como uma ervilha seca jogada na parede, batem e caem ao chão. A situação na década que se iniciava era crítica não somente para a luta armada, mas para todo movimento — estudantil, sindical ou artístico — que se opusesse à ditadura.

Após o justiçamento de Márcio, as organizações revolucionárias estavam próximas da completa destruição. Em 1971, a violência do Estado bateu um novo recorde — quebrado nos anos posteriores — de 52 mortos e desaparecidos. Em 17 de setembro daquele ano, a repressão executou no sertão baiano o ex-capitão Carlos Lamarca, último grande líder ainda ativo. Afastado da VPR por discordar de seu crescente radicalismo, ele estava ligado ao MR-8 quando foi assassinado.

A militarização exacerbou aspectos como o respeito à hierarquia e a coesão. Os grupos armados, originalmente, nasceram orientados a desenvolver ações próprias à guerra irregular, mas com o tempo alguns deles desenvolveram estruturas mais parecidas aos Exércitos do que aos agrupamentos políticos. O controle sobre o outro — que variava de intensidade em cada sigla — chegava ao ponto de ingerências sobre o sexo livre, as relações homossexuais e o consumo de maconha, por exemplo, aspectos às vezes combatidos com o mesmo vigor dispensado ao imperialismo norte-americano.

A ditadura aproveitou o caso Márcio, o primeiro justiçamento realizado dentro da luta armada, para explorar um novo filão em sua máquina de propaganda. Em meados de 1971, a repressão difundiu um texto, intitulado "Os justiçamentos no terrorismo",[33] assinado por um ex-guerrilheiro[34] que estava preso após participar do sequestro do embaixador alemão Ehrenfried von Holleben. Transformado em "arrependido", ele foi obrigado a assinar uma denúncia contra o radicalismo dos grupos armados:

A partir do momento em que as organizações comunistas em atuação no Brasil foram sendo desmanteladas, pelo avanço da repressão, ou pela própria inconsequência política de sua luta, o terror passou a dominar interna e externamente e o desespero passou a ser o guia de suas ações. Os integrantes [...] já não podem divergir das orientações de seu comando, sob pena de serem julgados como diversionistas, traidores ou de estarem com "desvio ideológico".

O SNI sugeriu a publicação do texto na imprensa para explorar o terror dos justiçamentos, um "aspecto quase desconhecido daquilo que vem ocorrendo nos bastidores das organizações terroristas". E assim foi feito: em julho de 1971, excertos do documento foram reproduzidos em diários como *Jornal do Brasil* e *Folha de S.Paulo*.[35]

ATO 5. Ninguém se livra da traição

Carlos finge que vai, não foi; a máquina indiscriminada

Carlos Alberto Maciel Cardoso viu na oferta uma oportunidade. Se tivesse sorte, escaparia novamente da prisão, onde passou mais de três anos em regime fechado. Em liberdade havia menos de dois anos, o ex-militar paraense condenado nos primeiros expurgos de 1964 por participar da Revolta dos Marinheiros, que convulsionou o final do governo João Goulart, voltou a ser detido em 1971, agora por conexões com a ALN.

Era cada vez mais comum naquele momento que os militares apresentassem aos presos — durante ou após as sessões de tortura — a proposta que vinha se mostrando bem-sucedida na guerra interna contra a esquerda armada: a colaboração.

Para os guerrilheiros mais graduados, a negativa poderia custar a vida, como aconteceu com dezenas deles. Alguns cederam. Um alto dirigente do PCB virou delator após passar dias num centro clandestino mantido pelo Exército na Grande São Paulo e usado para formar novos "cachorros" — pouquíssimos que estiveram lá sobreviveram. Os cadáveres dos mortos eram esquartejados, separados em sacos com pedras e depois atirados num rio.[1]

Para militantes sem importância na hierarquia revolucionária, como Carlos, um quadro de apoio do segundo escalão, recusar a colaboração geralmente resultava em prisões mais longas e severas (embora a imprevisibilidade fizesse parte da rotina de todos os presos da ditadura).

Após escutar a proposta apresentada pelos agentes do Cenimar, o órgão de inteligência da Marinha, Carlos decidiu colaborar. Aos 25 anos, trabalhava como laboratorista e nas horas livres era o Juca, seu codinome na ALN. Ajudava a mapear possíveis alvos dos assaltos, distribuía documentos e panfletos e ainda tentava recrutar novos adeptos, missão inglória àquela altura. Em declínio, a guerrilha já não encantava os jovens como no final dos anos 1960.

Não há notícia de que Carlos tivesse participado de alguma ação armada. Avesso às armas, ele recusou um revólver oferecido por um colega para se proteger: "Vai adiantar alguma coisa?", questionou.[2]

Carlos foi detido pela segunda vez no dia 9 de novembro de 1971, em casa, no bairro carioca do Cachambi. Hermelinda, a namorada com quem vivia, também foi presa, acusada de subversão.

No acordo de colaboração, o Cenimar deixou claro: queria que Carlos entregasse seu conterrâneo Flávio Leão Salles, o *Rogério*, dirigente da organização e um dos nomes mais procurados pelos órgãos de segurança. Ele deveria voltar à militância e seria controlado pelos agentes até a queda do chefe — exatamente como aconteceu na traição de Severino.

No primeiro dia que saiu acompanhado por uma equipe da repressão para tentar encontrar na rua algum colega, Carlos escapou. O paraense ludibriou os captores — como alertava o general Fiuza de Castro, nas infiltrações sempre havia o risco de ter um camarada que "finge que 'vira' e não 'vira'".

O Cenimar foi lacônico ao reportar o episódio, que ficaria registrado em documentos disponibilizados décadas depois pela

Agência Brasileira de Inteligência à família do ex-marinheiro: "Carlos Alberto Maciel Cardoso foi utilizado pela Delegacia Regional de Polícia Federal em 10/11/1971 em operação de informações, quando se evadiu".[3] Ele entregou um "ponto" — gíria para o lugar onde era marcado um encontro — inexistente com um militante fictício.

A ALN teve notícias dele no dia seguinte. Carlos procurou os companheiros para contar sobre a queda, o acordo para entregar Rogério e a fuga. Era uma história um tanto nebulosa. De imediato, a conclusão era óbvia: sua permanência no Rio se tornava inviável.

Quando era criança e brincava com os irmãos nas ruas de Belém, nos anos 1950, Carlos foi abordado certa vez por uma cigana na porta de casa. Maria de Jesus Cardoso viu a senhora lendo a mão do irmão: "Ela disse que Carlos teria uma vida curta e uma morte triste. Ele escutou e apenas sorriu".

A grande família de classe média baixa era fruto da união de dois viúvos: Sandoval (à época com dez filhos, um deles Carlos, nascido em julho de 1946) e Maria Adélia (três filhos). O casal teve outras seis crianças, entre elas Maria de Jesus e Paulo Sérgio Fonseca Cardoso, outro a seguir carreira na Marinha — tal como a do irmão, sua passagem pela Força seria atribulada.

Carlos cursou a Escola de Aprendizes Marinheiros em Fortaleza e logo que se formou, em novembro de 1963, foi transferido como grumete para o Rio de Janeiro. Encontrou na cidade a agitação e a anarquia militar que marcaram os dias finais de João Goulart na presidência. Carlos fez parte da associação dos marinheiros presidida por José Anselmo dos Santos, o Cabo Anselmo, que se transformaria no maior agente duplo da ditadura. O motim realizado em março de 1964 foi determinante para o golpe consumado em 1º de abril. Um grupo de marinheiros e fuzileiros navais liderados por Anselmo exigia a revogação de uma ordem de prisão contra os diretores da associação, que tinha caráter sindical (o que era proibido nas Forças Armadas) e reivindicava melhoria salarial, o direito de se casar e de usar trajes civis fora do serviço, o que à época era vetado. O então ministro da Marinha, Sílvio Mota, considerou o ato subversivo e mandou um contingente prender os insubordinados, mas os militares que deveriam cumprir a ordem também aderiram à revolta. Os revoltosos acabaram presos, porém dois dias depois foram libertados por ordem de Jango, que assinou um decreto anistiando-os — o que provocou ainda mais a ira dos militares que já tramavam sua queda.

A resposta das Forças Armadas chegou com o golpe: Carlos se tornou um dos 963 marujos e fuzileiros expurgados da Marinha no início do governo Castelo Branco, acusado de insubordinação e subversão e sentenciado à prisão.[4] Quando a Justiça Militar expediu sua sentença, em 1965, o ex-militar já estava de volta a Belém, onde começou uma nova carreira como laboratorista da Santa Casa de Misericórdia.

A experiência pré-golpe, no entanto, foi transformadora. Politizado e devoto da literatura socialista, Carlos passou a frequentar o círculo estudantil que agitava a capital do Pará. Na casa da família, a foto de Che Guevara colocada no quarto, ao lado da cama, causava medo nos irmãos mais novos.[5]

A temporada na casa da família durou pouco. No início de 1966, aos vinte anos, ele e a namorada Esther Estrela, cinco anos mais nova, foram viver juntos. A relação, como quase tudo em sua vida, foi breve e tumultuada. Certo dia Carlos voltou para casa mais cedo e flagrou Esther na cama com um vizinho, militar reformado. Agredida, ela foi pessoalmente à Justiça Militar denunciá-lo como prófugo do primeiro expurgo da ditadura. A família acredita que as conexões do amante militar ajudaram na prisão de Carlos, dias depois.

Como havia sido condenado no Rio de Janeiro, ele foi levado para lá a fim de cumprir a pena. No embarque no porto de Belém, no final de 1966, Carlos viu Esther pela última vez — ela estava grávida e, conforme avisou, o filho era dele —, mas o ex-marinheiro a ignorou ao embarcar no porão do *Barroso Pereira*, navio que o levou até a baía da Guanabara.

Nascido no ano seguinte, Carlos Otávio de Oliveira Estrela recebeu o nome, mas nenhum dos sobrenomes do pai — Esther temia que a perseguição política se estendesse ao rebento. O pai nunca reconheceu o filho. A foto do bebê, enviada para ele na prisão, foi devolvida.[6]

O batismo de Carlos no movimento armado se deu na cadeia, no final dos anos 1960, época em que os guerrilheiros ainda aproveitavam o ócio da prisão para recrutar novos integrantes para os grupos revolucionários.

No seu primeiro destino, a penitenciária Lemos de Brito, onde passou a maior parte do tempo em que ficou detido, Carlos fez amigos e teatro amador, participando da encenação da peça *Auto da Compadecida*, do escritor Ariano Suassuna.[7] Mas foi no presídio Cândido Mendes — na Ilha Grande, litoral fluminense —, onde passou sua última temporada, que surgiu o convite para se juntar à ALN.[8]

Carlos começou a se mobilizar ainda durante o confinamento na ilha. Em novembro de 1969, ele assinou — ao lado de outros 41 detentos, a maioria ex-militares — uma carta endereçada ao presidente Emílio Garrastazu Médici (que havia acabado de tomar posse) e ao governador da Guanabara, Negrão de Lima, listando os maus-tratos no presídio: além da restrição ao banho de sol e ao uso do banheiro, eles reclamavam da humilhação nos dias de visitas, quando "mães, esposas e irmãs [eram] tratadas com desdém, irreverência e má vontade".

A carta foi reproduzida no jornal *Tribuna da Imprensa*, acompanhada por um texto do jornalista Hélio Fernandes que surpreendentemente escapou da censura: "As denúncias e as revelações sobre torturas chegam de todos os lados, os apelos e os gritos lancinantes são mais estridentes do que eram na ditadura de 1937".[9] Fernandes, que seria preso e teria inúmeros problemas com o regime por causa de sua atuação jornalística, elogiou a coragem dos signatários, "dispostos a arrostar todos os riscos" e "desumanidades" para denunciar as condições do "degredo".

Beneficiado pelo bom comportamento, Carlos deixou a prisão no primeiro semestre de 1970. Nunca mais voltaria para Belém. Instalado no Rio, começou a se envolver gradualmente com a ALN, por intermédio do guerrilheiro Paulo Gomes Neto, que conheceu em Ilha Grande e que também foi colocado em liberdade. "Ele era um bom sujeito, de fala mansa. Seu negócio era fazer trabalho com as massas", disse Neto.[10]

Quem se impressionou com o fervor revolucionário de Carlos foi o irmão Paulo Sérgio, que naquela época também estava morando no Rio de Janeiro, levado para a cidade em razão de seu posto na Marinha. O agora militante sempre repetia que o Brasil seria outro quando o proletariado assumisse o poder. Fuzileiro naval, Paulo Sérgio passou a frequentar a casa do Cachambi, conheceu Hermelinda e alguns dos amigos do casal. "Ele começou a me envolver de forma sutil, mas não abria muito", revelou.

A primeira ação da ALN que contou com a participação de Carlos foi um assalto no Hospital da Ordem Terceira da Penitência, na Tijuca, em junho de 1971. Hermelinda era auxiliar de enfermagem no local e ajudou com informações sobre o pagamento dos funcionários.[11] A ação foi bem-sucedida: os guerrilheiros não dispararam um único tiro para levar o dinheiro.

109

Três meses depois foi a vez da Clínica Dr. Eiras, em Botafogo, onde Carlos levantou as informações por meio de Maria da Conceição Nascimento, a jovem namorada de Paulo Sérgio que trabalhava no local. O assalto, liderado por Flávio Leão Salles,[12] rendeu 80 mil cruzeiros e algumas armas, mas resultou na morte de três seguranças que reagiram e foram baleados pelos guerrilheiros. A ação repercutiu mal — os jornais exploraram a violência e a frieza dos revolucionários. A ALN rebateu com um texto no seu jornal *Ação*:

A imprensa da ditadura procurou explorar politicamente a morte dos guardas, apresentando-os como vítimas inocentes. No entanto, é preciso ficar bem claro que, conscientemente ou inconscientemente, naquele momento agiram como defensores dos exploradores e de seu governo, atacando os guerrilheiros. Por isso não foram poupados e nem o serão aqueles que tomarem a mesma atitude.

O paraense Flávio Augusto Neves Leão de Salles, comandante dessa e de inúmeras outras ações no Rio, é outro caso de dirigente da ALN que conseguiu driblar a repressão e sobreviver à ditadura. Quando deixou o Brasil, em 1974, a organização praticamente já não existia. Sua saída do país levantou suspeitas em ex-companheiros e até em ex-agentes sobre um suposto acordo com os militares, nunca comprovado. Uma carteira de identificação militar, com uma foto real de Flávio, mas com um nome falso, adulterada como se tivesse sido expedida pelo Ministério da Marinha para um fuzileiro naval, era usada como disfarce na clandestinidade. A existência do documento, cuja cópia está disponível no Arquivo Público do Estado do Rio de Janeiro, alimentou ainda mais as intrigas entre os antigos colegas de armas.[13]

Nascido em Belém em 1950 numa família de classe média alta, Flávio era o segundo de quatro filhos de um casal de médicos.

Sua mãe, Aristolina Neves, foi uma das primeiras mulheres a se formar em medicina pela Universidade Federal do Pará e exerceu a profissão até o fim da vida. Foi colega de classe e tornou-se amiga de Jarbas Passarinho, futuro governador do estado, ministro da ditadura e um dos signatários do AI-5. "Cheguei a dormir várias vezes na casa do então militar Jarbas. Era amigo de seu filho, o Jarbinhas, até a família se mudar para Brasília", comentou o ex-guerrilheiro.[14] A amizade de Aristolina e Jarbas Passarinho sobreviveu à ditadura.

A transformação de Flávio em revolucionário ocorreu na adolescência, após o suicídio da namorada, episódio que familiares dizem ter provocado uma transformação no jovem, que a partir de então se dedicou às leituras políticas e às ideias revolucionárias.[15] Ao ingressar na faculdade de direito da Universidade Federal do Pará em 1967, entendeu que seu alvo estava muito além das questões estudantis: o inimigo era a ditadura.

Lutador de boxe, seu primeiro codinome foi Ali, uma homenagem ao peso pesado Muhammad Ali, ídolo da juventude. Nas férias com a família na ilha do Mosqueiro, um distrito de Belém, Flávio costumava se embrenhar no mato para praticar tiro e era engenhoso na hora de roubar por algumas horas os carros que encontrava ali.

"Eu estava em sexo, drogas e rock'n'roll e comunismo. Vivia na birita, puta, maconha, LSD e cocaína. Ficava naquela onda", rememorou uma vez.[16]

Sua primeira ação armada na ALN, em 1969, terminou com um esporro de Marighella. Descumprindo sua determinação, ele e outros militantes assaltaram uma conhecida sorveteria de Belém, alarmando a repressão sobre a presença do grupo no estado. Área considerada estratégica para a futura e sonhada guerrilha rural, o Pará deveria ser poupado dos assaltos. Para piorar, Flávio convocou para a ação um bandido comum, o que era terminantemente proibido pelo líder da ALN. O homem, identificado pela polícia, delatou os participantes, e Flávio precisou fugir às pressas.[17]

O início de sua longa clandestinidade provocou incidentalmente uma tragédia familiar.[18] Quando deixou o estado, sua família enterrou no quintal da casa documentos, livros e demais objetos que pudessem comprometê-lo em caso de uma batida da polícia. Entre os pertences estava uma bomba caseira, uma de suas especialidades, feita para ser detonada numa manifestação.

Desconfiada, Sulamita Campos, a tia *Tetê*, criada da casa e ama de leite de Flávio, resolveu cavar o buraco para ver o que tinha dentro. Ao bater com a enxada na terra, foi mandada pelos ares. Morreu na hora.

No Sudeste, Flávio estranhou principalmente a imagem estreita que os militantes da esquerda tinham do país. Segundo o guerrilheiro, eles precisavam "aprender que o Brasil não terminava na Tijuca depois de ter começado em Ipanema".[19] "Existiam dois mundos, para não falar de muitos [...]. Nós que estávamos ali, batalhando, éramos o outro lado da moeda da nossa geração."[20]

Ele deveria se juntar aos brasileiros que treinavam em Cuba, mas o assassinato de Marighella, em novembro de 1969, alterou os planos. Flávio se estabeleceu no Rio, onde se tornaria o principal dirigente da ALN. Quando Carlos Alberto Maciel Cardoso se juntou ao grupo, em 1970, Flávio comandava cerca de trinta pessoas. Sua ascensão se deu após o assassinato de Joaquim Câmara Ferreira, ao lado dos jovens que assumiram o comando da organização.

Estrategista, ele foi o mentor das "patrulhas revolucionárias", como eram chamados os ataques-surpresa contra policiais e forças militares para roubar armas e munição. Os guerrilheiros simulavam um acidente de trânsito ou simplesmente aproveitavam a desatenção de policiais para rendê-los (eram em geral algemados num poste) e levar todo o armamento. Eles ainda aproveitavam a ocasião para fazer propaganda da organização, espalhando panfletos ou incendiando viaturas.

Esse modelo gerou uma discussão com a turma de São Paulo, que o achava uma imprudência de alto risco.[21] A tática, no entanto, não demorou a ser empregada pelos colegas paulistas e logo seria estudada e combatida pelos órgãos de segurança, que passaram a deixar possíveis alvos nas ruas para os guerrilheiros com o objetivo de atraí-los para uma emboscada.

A vida clandestina era imprevista e espartana, mas nem todos os prazeres eram anulados. No primeiro semestre de 1971, Flávio soube por um parente que o primo Egydio Salles Filho estava de passagem pelo Rio e decidiu procurá-lo. Os laços familiares não estavam completamente rompidos, ao contrário do que ensinava a cartilha revolucionária. Armado e com um chamativo cabelo loiro, Bibico — apelido familiar do guerrilheiro — levou Egydio para passear pela cidade de ônibus. Eles queimaram fumo e beberam num boteco em São Conrado. O primo observou que Flávio não relaxou em nenhum momento. Naquela noite, Egydio conheceu a guerrilheira Betty Chachamovitz, companheira de Flávio que integrava o setor de informações da organização, uma jovem que tinha bons contatos na classe média alta paulistana e era ainda sobrinha do jornalista Samuel Wainer.[22] Ela não escondeu sua insatisfação com a farra dos primos durante a tarde.[23]

Ao reencontrar os colegas da ALN, um dia depois de fugir do controle da repressão, Carlos pediu ajuda para sair do Brasil.[24] Continuar no Rio era impensável. O problema foi que ninguém acreditou na sua história. Para todos eles, o ex-marinheiro tinha se transformado num "cachorro" a serviço da repressão e passara a ser uma ameaça.

É impossível precisar como e quando se deu a decisão de

justiçá-lo, mas ela foi aprovada em dois dias pelos dirigentes que atuavam na Guanabara — não houve envolvimento dos militantes de São Paulo. O grupo era composto de Flávio, o único sobrevivente a participar do tribunal e que se recusa a falar sobre o episódio, Hélcio Pereira Fortes e Antônio Carlos Nogueira Cabral. O primeiro encontro de Carlos com os guerrilheiros ocorreu num imóvel no Encantado, Zona Norte do Rio, quando uma quantia em dinheiro foi repassada a ele. Era uma ajuda para os gastos com a fuga.[25] Uma nova conversa foi marcada para dali a dois dias, antes de sua saída definitiva da cidade. Foi nesse período que o trio aparentemente mudou de ideia sobre seu destino e aprovou o justiçamento.

Não se sabe onde e com quem Carlos se escondeu depois que fugiu — o irmão Paulo Sérgio conta que não chegou a se encontrar com ele naqueles dias. O certo é que os militares responsáveis por monitorá-lo o perderam de vista, deixando isso registrado num documento que evidenciava o fracasso da colaboração. Dois dias após a fuga, os agentes anotaram numa ficha que não tinham mais notícias dele havia mais de 48 horas.[26]

No sábado, 13 de novembro, os três colegas o esperavam dentro de um fusca vermelho estacionado na rua Joaquim Martins, no Encantado. Carlos apareceu na esquina pouco antes das dez da manhã. Ao vê-los descerem do carro com as armas nas mãos, ele começou a correr.

O primeiro dos 21 tiros o acertou ainda na esquina. Ele tentou subir numa Kombi que passava, mas o motorista, assustado, acelerou.[27] Alvejado por mais disparos, procurou abrigo na casa número 196 da rua Bernardo, porém não teve força para saltar o muro dos fundos do imóvel. Os guerrilheiros terminaram a execução no quintal com tiros na cabeça — dois na testa, um no olho, outro no ouvido.[28]

O ato foi referendado pelo comando da ALN, que explicou as razões no texto "Justiçamento de um traidor":

Foi executado o indivíduo Carlos Alberto Maciel Cardoso. Tratava-se de um traidor, ex-membro da ALN que, preso [...], aceitara entregar companheiros e fornecer informações. Descoberto, foi sumariamente julgado e fuzilado por um comando da ALN.

O justiçamento desse traidor reveste-se de grande importância para nossa organização. Em primeiro lugar, trata-se de uma vitória da guerrilha. O inimigo, em operações deste tipo coroados [sic] de êxito, conseguiu atingir a direção de nossa organização, assassinando Carlos Marighella e Joaquim Câmara Ferreira, *Toledo*. Desta vez, o inimigo, além de não conseguir nos causar baixas — embora chegasse a obter dados — ainda perdeu esse novo agente, que, se conseguisse levar sua missão, poderia ter provocado um golpe em nossas forças.

Em segundo lugar, por não se tratar de uma medida isolada: é já uma consequência do amadurecimento da organização, do reforçamento de seus critérios de segurança, de sua disciplina, de sua unidade baseada em princípios revolucionários.

Sabemos que a conciliação com a traição, com a deserção, e demais casos de vacilação, tem [sic] se convertido numa grande debilidade de nosso movimento. É claro que esta conciliação reflete, primeiramente, o baixo nível de consciência das massas e, particularmente, a débil consistência ideológica da esquerda. Aparece também relacionada com o amadorismo na condução da guerra, com a incompreensão da necessidade de uma férrea disciplina e do combate sem quartel à vacilação como elemento de consolidação e depuração em nossas fileiras.

As teorias tais como — "apesar de tudo, eles lutaram conosco" ou "não podemos ser rígidos senão sobrarão poucos" ou "não adianta, é com esse material humanos que temos que contar" —

revelam um profundo desprezo pelas massas, a incompreensão do caráter de classe, revolucionário, de nossa luta. Na prática, significa achar que podemos avançar com essa gente, ou seja, capitular totalmente no sentido das nossas tarefas de criar uma força consequente e revolucionária.

Há aqueles que mascaram suas intenções, temendo pela "capitalização" que a ditadura pode fazer de um justiçamento. Perguntamos a esses senhores: será ela maior por acaso de que fazem, por exemplo, com o assassinato de líderes revolucionários como Marighella, Mário Alves, Toledo, Lamarca, todos eles devidos à traição? Que confiança podemos conquistar quando permitimos que líderes caiam pela traição, que elementos de direção traiam, fornecendo informações, delatando companheiros e fiquem impunes?

A execução de um traidor, se ainda é um fato novo, não é um ato impensado e nem será o último. Reflete uma linha de atuação, reflete uma exigência da guerra e, à medida em que avance o processo, tenderemos a ser mais e mais rígidos.

Ou ficar a pátria livre ou morrer pelo Brasil!

Mais uma vez, a síndrome de Severino pairava na decisão da ALN. O comunicado omite que a própria vítima procurou o grupo para contar sobre a prisão e a proposta de colaboração feita pelo Cenimar, história em que os colegas não acreditaram. O texto tem passagens que ilustram o sectarismo da fase final: a necessidade de uma "férrea disciplina" e da "depuração em nossas fileiras". Além de citar o justiçamento como uma consequência do amadurecimento guerrilheiro, os autores mencionam o amadorismo na condução da luta armada, condição que diziam querer evitar, mas que ficava cada vez mais evidente em suas ações.

Um dia antes do justiçamento de Carlos, o Cenimar prendeu seu irmão, Paulo Sérgio, e a namorada, Maria da Conceição, suspeitos de ajudar a ALN. O casal, contudo, continuava sem notícias dele.

Paulo foi levado para o Comando do 1º Distrito Naval, na praça Mauá, no centro do Rio, onde começou seu calvário. Trancado numa cela do porão que emitia "um zumbido ensurdecedor", ele passou a maior parte do tempo encapuzado e de cueca. Os militares queriam saber o grau de envolvimento do irmão com a guerrilha e quem eram os seus contatos.

"Não sabia nada, mas não adiantou, apanhei muito. Ao meu redor, num cubículo, havia quatro ou cinco pessoas e alguém falava por um alto-falante. Eles tentaram introduzir no meu ânus um pau ou cassetete, mas não conseguiram. Só não levei porrada na cabeça."[29]

Ele foi retirado da prisão dois dias depois, para reconhecer o cadáver do irmão no IML. Paulo Sérgio notou que o corpo estava oco, sem as vísceras do peito e de regiões da cabeça. No lugar, colocaram palha, presente até no pomo de adão, mistério que nunca decifrou,[30] pois essa não era uma prática comum nas vítimas da ditadura. Carlos foi enterrado como indigente no cemitério de Ricardo de Albuquerque, no subúrbio homônimo no Rio. Sua família em Belém só foi avisada de sua morte dias mais tarde.

Paulo Sérgio, Maria da Conceição e Hermelinda, namorada do ex-marinheiro, foram arrolados no inquérito de número 0033/71[31] por envolvimento em atividades subversivas. A Marinha atribuía a Carlos a responsabilidade por "doutrinar" a companheira e o irmão, enquanto este era acusado de envolver Maria da Conceição, que trabalhava na Clínica Dr. Eiras e de quem presumivelmente partiram as informações para a ALN organizar o assalto que deixou três vigilantes mortos.

Os agentes do Cenimar apresentaram ao fuzileiro naval a

mesma proposta feita ao irmão: se colaborasse, seria liberado. Paulo assentiu, mesmo que não soubesse por onde começar. Os militares abriram diante dele um livro com fotos de vários militantes. Paulo achou que conhecia um deles. Levado para uma diligência na região da Quinta da Boa Vista, aonde costumava ir com o irmão e um amigo guerrilheiro dele, Paulo ficou cerca de uma hora rodando as ruas próximas, sendo monitorado de longe, para ver se encontrava alguém. Nada. Quando era levado para a viatura a fim de voltar ao Distrito Naval, achou que seria executado. Acreditava que o irmão fora assassinado pela repressão e pensou que teria o mesmo fim.[32]

Dias depois, ele e Maria da Conceição foram transferidos para o presídio de Ilha Grande, onde Carlos esteve detido. Os dois não tiveram mais notícias de Hermelinda, que continuou presa no Rio.

O casal passou oito meses e 21 dias na prisão até ser liberado no segundo semestre de 1972 por falta de provas da atuação subversiva. Paulo foi desligado da Marinha, mas não expulso.

Ele e Maria da Conceição se casaram, tiveram dois filhos e retornaram para Belém no final da década de 1970. Para a mulher, aqueles dias viraram assunto proibido até para os filhos. Por muitos anos, ela culpou o marido pela traumática experiência na prisão.

A família de Carlos acreditou durante anos que ele tinha sido assassinado pelos militares após o acordo de colaboração. No presídio de Ilha Grande, quando esteve detido após a morte do irmão, Paulo Sérgio ouviu dos detentos que o responsável era a repressão. "Meus pais morreram acreditando que ele foi assassinado pela ditadura", conta Maria de Jesus, uma das irmãs.

Só na década de 1990 a família encontrou os primeiros indícios de que Carlos foi executado pelos colegas de organização. Em 1996, Esther, a ex-namorada que o denunciou à Justiça Militar, protocolou na recém-criada Comissão Especial sobre Mortos e

Desaparecidos Políticos, durante o governo Fernando Henrique Cardoso, um pedido para que o ex-marinheiro tivesse direito a anistia política e indenização.[33]

Seu caso foi indeferido por unanimidade. O ex-deputado federal Nilmário Miranda, que participou da sessão, apresentou o comunicado da ALN reivindicando o assassinato de Carlos. O caso, porém, não se enquadrava na lei sobre o tema, que prevê reparação somente às vítimas do Estado.

Como congressista, Nilmário participou da votação que aprovou a legislação e a reconhece como restritiva.[34] À época, ele defendeu que o Brasil contemplasse casos como no Chile, que reconhece como vítimas da ditadura cidadãos mortos ou desaparecidos em virtude da atuação dos agentes públicos ou em razão da violência política, mas foi voto vencido.

Em 2004, durante o governo Lula, a família de Carlos protocolou novo pedido, dessa vez na Comissão de Anistia do Ministério da Justiça. Na ocasião, novos documentos[35] mostravam a perseguição do Estado em 1964 (quando ele foi expulso da Marinha) e depois em 1971, ocasião em que foi preso pelo Cenimar e assinou a colaboração jamais cumprida. Mais uma vez, o caso foi indeferido pelo mesmo motivo: seu assassinato foi cometido por guerrilheiros, e não por agentes da repressão.

"Ninguém se livra da traição", lamentou o ex-guerrilheiro Paulo Gomes Neto, que permaneceu na clandestinidade até a extinção da ALN. Ele não participou do justiçamento de Carlos, mas defendeu a execução à época dentro da organização. Com o passar dos anos, disse ter mudado de opinião: "Foi uma grande injustiça. Ele confiava no grupo, por isso voltou. E teve a decência de contar tudo".

Os guerrilheiros Hélcio Pereira Fortes e Antônio Carlos Nogueira Cabral, que decidiram e levaram a cabo o justiçamento ao lado de Flávio Leão Salles, foram assassinados pela repressão meses depois.

Mineiro de Ouro Preto, Hélcio enviou a última mensagem à família no Natal de 1971. Foi preso em janeiro, dois dias antes de completar 24 anos.[36] A versão da ditadura é que Hélcio morreu ao resistir à prisão, mas exames no cadáver indicaram execução — um tiro na cabeça de cima para baixo. Enterrado no cemitério de Perus, em São Paulo, seus restos foram removidos quatro anos mais tarde para o cemitério da igreja de São José, na sua cidade natal.

Estudante de medicina em São Paulo, Antônio Carlos ficou muito abalado com a execução de Carlos. À namorada, Lídia Guerlenda, descreveu o justiçamento como "traumático", principalmente por ter sido necessário correr atrás dele nas ruas do bairro do Encantado, diante dos moradores, para consumar o assassinato.[37]

Preso provavelmente em abril de 1972,[38] ele nunca teve as circunstâncias de sua morte esclarecidas. Como em muitos casos de militantes sumariamente executados, a ditadura sustentou que Antônio Carlos morreu após resistir à prisão. O laudo médico descreve escoriações (possível sinal de tortura) e tiros no tórax e no pescoço. Seu corpo foi entregue à família num caixão lacrado. Como Hélcio, tinha 23 anos.

Flávio continuou driblando a repressão como comandante da ALN no Rio de Janeiro. Ele ainda se envolveria em outras ações polêmicas que marcaram o fim da aventura armada. Assim como sua ex-esposa Betty Chachamovitz, com quem teve duas filhas, Flávio evita falar do passado. Em parte porque ainda é visto com suspeição por ex-colegas — não há nenhuma prova de eventual acordo seu com a repressão, como pensam alguns de seus ex-companheiros. No único e-mail que respondeu, foi lacônico ao comentar a suspeita: "Eu, cachorro? Au, au".[39]

Dos anos de clandestinidade, recorda a atmosfera "obscura, cheia de momentos intensos".[40] Num raro depoimento à Universidade Federal do Pará, Flávio disse que os brasileiros que lutaram contra a ditadura deveriam ser vistos como Tiradentes e os demais que se insurgiram contra o Império português.[41] Ainda comentou a preocupação com a segurança, fator que pesou na decisão de justiçar o ex-marinheiro Carlos. As organizações tentavam monitorar o comportamento dos militantes presos para saber se tinham repassado informações nos interrogatórios ou se haviam se tornado colaboradores da repressão. O objetivo, ressaltou, era preservar os quadros em liberdade.

A militância de esquerda que eu vivi era uma exposição constante a isso. Convivíamos com os horrores do medo. Aqueles relatos escatológicos, fio elétrico no ouvido, ferro quente, aquela coisa alimentava o medo e provocava uma tensão constante entre as pessoas. Era um nível de medo muito diferente do que sentia o cidadão comum. Mas jamais era motivo para desistir.

Jovens como ele ainda demorariam para desistir da luta armada.

ATO 6. Guerrilha mata o delegado da TFP

O fim de Otavinho em Copacabana; revide abre a espiral de violência

Betty Chachamovitz começou a segui-los no Leme, por volta das 16h30 do último domingo de fevereiro de 1973. Os dois tinham acabado de deixar um restaurante no bairro e caminhavam pela praia.

Se tudo saísse como o planejado, ela deveria acompanhá-los — de longe, tratando de não se fazer percebida — pelos próximos vinte minutos, tempo médio da caminhada até a rua República do Peru, no bairro vizinho de Copacabana. Ali era o destino do alvo, o delegado Otávio Gonçalves Moreira Júnior, o *Otavinho*, considerado um dos mais violentos quadros da repressão. Betty provavelmente não sabia, mas o amigo que caminhava ao lado do delegado era o capitão de infantaria do Exército Carlos Roberto Martins, outro agente da ditadura.

Paulistano lotado na Polícia Civil de seu estado, Otavinho frequentava o Rio por causa de sua atuação no DOI de São Paulo, para o qual tinha sido cedido e que exigia inúmeras viagens. Tinha ainda uma namorada carioca e um amor escancarado pela Portela, escola de samba da qual era membro honorário. Na noite de sábado, o policial participou na quadra da agremiação dos últimos ensaios antes do Carnaval, que começaria na sexta seguinte.

Desde o final do ano anterior a guerrilha mapeava a rotina do delegado no Rio, baseada em informações repassadas por presos torturados pelo próprio agente. Envolvida nos trabalhos desde o início, Betty cumpria naquela tarde sua última e mais ousada missão.[1]

Na rua República do Peru, em Copacabana, quatro pessoas esperavam o delegado dentro de um Opala verde: eram os integrantes do autointitulado Comando Getúlio de Oliveira Cabral, reivindicado por quatro organizações (ALN, PCBR, VPR e VAR-Palmares) e batizado com o nome de um guerrilheiro assassinado pela repressão havia pouco meses. Em meio às quedas e defecções, a esquerda armada ainda tentava atuar numa frente única, como tantos sonharam.

No Rio, Otavinho costumava se hospedar no número 72 da rua República do Peru, onde ficava o apartamento de um tio, Matias Joaquim Gama e Silva, irmão do ministro da Justiça do governo Médici, Gama e Silva, que, por sua vez, havia sido um dos signatários do AI-5 e era primo — por outro ramo familiar — do marechal Artur da Costa e Silva.

Trajando uma bermuda azul curta, camisa branca e sandália de couro, o delegado virou na República do Peru e caminhou até um orelhão na esquina da avenida Nossa Senhora de Copacabana, a poucos metros de seu destino. Betty, naquele momento próxima, apenas meneou com a cabeça na direção dele.

O sinal era dirigido aos três homens com trajes de banho que desceram do Opala — o quarto, motorista da ação, ficara lá dentro, de prontidão para a fuga. Um deles estava com uma cadeira de sol dobrada embaixo do braço, de onde saiu o primeiro tiro de escopeta calibre .12 que atingiu Otavinho nas costas. Seguiram-se tiros de pistola 9 mm no rosto, no peito e nos braços, com o delegado caído. Alguns dos disparos se perderam numa banca de revista ao lado e na portaria de um prédio vizinho, mas o serviço estava feito: o policial de 34 anos teve morte instantânea.

O capitão Martins, que morava na avenida Nossa Senhora de Copacabana, foi atingido de raspão em uma perna. Na confusão, populares acharam que ele era um dos atiradores e tentaram agredi-lo.[2] Levado para o Hospital Miguel Couto sob um forte esquema de segurança, Martins foi retirado naquela noite do local pela janela, à revelia dos médicos, por colegas do Exército, temendo um novo atentado.[3]

A execução numa das vias mais movimentadas da Zona Sul do Rio seria a última ação bem-sucedida da esquerda armada contra a ditadura. Como no caso do industrial Henning Albert Boilesen, o justiçamento de Otavinho não deixava dúvidas sobre o alvo e suas responsabilidades perante a justiça revolucionária. "Caçador maldito, devia esperar que um dia fosse o da caça", escreveu um ex-militante.[4] Num comunicado, os guerrilheiros justificaram a execução pelas "torturas e mortes" cometidas contra "patriotas revolucionários e opositores", terminando com uma ameaça:

> Existem muitos outros e sabemos quem são. Todos terão o mesmo fim, não importa quanto tempo demore, pois a guerra é longa; o que importa é que todos eles sentirão, mais dia menos dia, o peso da justiça revolucionária.
>
> Olho por olho, dente por dente.

Nada causaria tanto impacto nos órgãos de segurança naquele início de ano como o assassinato do policial, que tinha a confiança de dois dos maiores carrascos da esquerda. Na Polícia Civil de São Paulo, teve como padrinho o delegado Sérgio Fleury. Entre os militares, seu protetor era o major Carlos Alberto Brilhante Ustra.

Otavinho formou-se na Operação Bandeirante (Oban), lançada em julho de 1969 após uma diretriz da presidência da República abrir caminho para a criação de uma estrutura de segurança interna que seria coordenada por um oficial do Exército. O objetivo era centralizar as atividades repressivas nas grandes cidades com o auxílio da PM e de delegados e escreventes da Polícia Civil — eles deveriam enviar à Oban todos os suspeitos de atividades terroristas —, dando origem a um corpo de polícia política que funcionava dentro e sob o comando do Exército.[5] Vários empresários, como o já mencionado Boilesen, contribuíram financeiramente para o início da operação.

Alto, forte e bonito (o lugar-comum dos tiras do cinema), o delegado notabilizou-se como agente do setor de buscas, descrito pelos superiores como "bom atirador e com especial talento para a luta corporal". Nascido em 1938, graduou-se na Faculdade de Direito do Largo de São Francisco, da USP, em maio de 1967,[6] quando já pertencia à Polícia Civil. Católico e anticomunista, fez parte da Tradição, Família e Propriedade (TFP), entidade conservadora de inspiração católica tradicionalista que marchou pelo golpe em 1964.

Otavinho foi também um dos fundadores da seção paulista do Comando de Caça aos Comunistas,[7] o CCC, força paramilitar que realizou inúmeros ataques contra estudantes e artistas de esquerda, tendo participado da batalha da rua Maria Antônia, no bairro de Higienópolis, em São Paulo, confronto que em outubro de 1968 deixou um estudante morto. No endereço conviviam duas instituições: o Mackenzie, onde militava o CCC, e a Faculdade de Filosofia, Ciências e Letras da USP, reduto da esquerda. Após hostilidades de um lado e de outro, o clima se acirrou no dia 2 de outubro, resultando numa pancadaria — controlada pela polícia — entre os alunos por causa da cobrança de um pedágio organizado pelos adeptos da esquerda em benefício de um congresso estudantil. No dia seguinte, a tropa do CCC voltou com armas e coquetéis molotov. Além de um morto, o ataque deixou o prédio da USP incendiado. Mais tarde, todas as armas do CCC foram doadas para a Oban.[8] O delegado Raul Careca, outro fundador do comando a participar da quebradeira na Maria Antônia, também integrava a força-tarefa.

Na USP, Otavinho conviveu com futuros guerrilheiros, como Aloysio Nunes Ferreira, que em pouco tempo seria um importante quadro da ALN, e Maria Aparecida Costa, que foi presa por acaso, no bairro de Copacabana, no Rio, ao ser reconhecida pelo delegado na rua. "Éramos inimigos cordiais. [...] Eu jamais podia supor que a ligação dele com a repressão política fosse tão estrutural e tão profunda", recordaria ela.[9]

Com o sucesso da Oban, o governo Médici decidiu criar no Exército os Centros de Operações de Defesa Interna (Codi) e os Destacamentos de Operações de Informações (DOI). Por determinação do presidente, a Força assumiria o comando das atividades de segurança, prevalecendo sobre as demais instituições civis, sobre a Aeronáutica e a Marinha. Os DOI-Codi passaram a conduzir todas as ações repressivas, sob a coordenação do então ministro do Exército, Orlando Geisel, e atuavam em conjunto: os Codi funcionavam como unidades de comando responsáveis pela repressão e contavam internamente com militares das três armas; os DOI eram subordinados aos Codi e funcionavam como seus braços operacionais. As primeiras estruturas foram montadas em São Paulo, e em seguida passaram a operar nos estados do Rio de Janeiro, Minas Gerais, Brasília, Rio Grande do Sul, Bahia, Pernambuco e Ceará.

Quando o DOI paulista foi criado no II Exército, em setembro de 1970, com banda de música e a presença do governador Abreu Sodré, Otavinho estava presente, incorporado na primeira equipe.

Sob o comando do major Brilhante Ustra, ele se transformou num de seus principais agentes. A parceria da dupla resultou na morte, tortura e prisão de dezenas de militantes. Um deles foi o estudante Hiroaki Torigoe, ex-ALN e dirigente do Molipo, preso em janeiro de 1972 no bairro paulistano de Santa Cecília. Levado para o DOI, Torigoe foi torturado até a morte.[10]

Seis anos mais velho que o delegado, Brilhante Ustra e o subalterno criaram uma relação de admiração mútua — que se estendeu à esposa do major, Joseíta. Ela costumava levar suas duas filhas para ver o pai na unidade militar, quando aproveitavam para brincar com Otavinho.[11]

Os serviços do delegado à ditadura foram reconhecidos em setembro de 1972, durante as comemorações do sesquicentenário da Independência, com a Medalha do Pacificador, distinção do Exército para os que atuavam na "manutenção da lei, da ordem e das instituições democráticas brasileiras". Foi mais ou menos nessa época que teve início o plano para assassiná-lo.

O delegado contava aos colegas no destacamento sobre os passeios e sua vida social no Rio. Os presos ouviam os relatos e começaram a repassar as informações para os guerrilheiros em liberdade. Não demorou para a guerrilha descobrir os restaurantes de sua preferência e o lugar da praia de Copacabana (entre os Postos 2 e 3) onde jogava vôlei.

"Foi uma imprudência? Foi. Mas a pessoa não vai viver trancada, se privando de tudo", lamentou décadas depois Joseíta Ustra.[12]

Desde o final dos anos 1960, os grupos armados visavam os agentes da repressão — e seus financiadores. As Forças Armadas recomendavam cautela e discrição aos envolvidos na guerra contra a esquerda.

O II Exército elaborou no início de 1972 um informe que alertava: "A ALN possui um álbum de fotografias de autoridades militares, ministros de Estado e autoridades policiais e está encaminhando um trabalho de levantamento de endereços [...] para fins de justiçamento ou intimidação".[13] Uma unanimidade nas listas dos possíveis alvos era Sérgio Fleury.

Dias antes da execução de Otavinho, a agência do SNI em São Paulo difundiu um documento sobre o provável aumento das atividades subversivas nas duas maiores cidades do país. Os últimos eventos, ressaltava o órgão, mostravam uma inflexão: "A fase de vingança difere da fase de 'justiçamento', pelo fato dos elementos subversivo-terroristas, ao executarem um cidadão, estarem alardeando que assim estão agindo para vingar seus ex-companheiros [...] presos ou mortos em combates".[14] A análise ressaltava que a nova ofensiva visava policiais, torturadores e delatores. Os agentes do estado eram alvos difíceis de serem abatidos e suas execuções implicavam grandes riscos — no caso do delegado paulista, gerou enormes consequências. Já os delatores, em especial os militantes injustamente condenados pelos colegas, eram mais fáceis de serem julgados e punidos.

Apesar da análise alarmista, havia dois anos que a esquerda armada parecia fadada ao desaparecimento. O número de mortos e desaparecidos em 1972 chegou a sessenta, um novo recorde. Os quadros escasseavam e as organizações se encontravam ainda mais isoladas. Tratava-se de um efeito acentuado pela própria lógica interna de cada uma das siglas, que se tornaram autodestrutivas, como observou o historiador Daniel Aarão Reis. Ao longo de todo esse ano, os cinco grupos que ainda estavam ativos realizaram apenas oito ações, incluindo o assalto ao caixa de uma drogaria.[15] Elas visavam sobretudo bancar a sobrevivência dos guerrilheiros na clandestinidade, e não mais os grandes atos contra o regime militar.

A execução do delegado provocou euforia entre os militantes, mas logo passou. A resposta da repressão foi rápida. Mais uma vez, seria impossível enfrentar o "martelo-pilão" do Estado, termo que define uma estratégia militar muito usada à época. O general Adyr Fiuza de Castro, fundador do CIE do Exército e um dos principais arquitetos da repressão, a explicou numa entrevista nos anos 1990: "Foi a mesma coisa que matar uma mosca com o martelo-pilão. [...] Evidentemente, o método mata a mosca, pulveriza a mosca, esmigalha a mosca, quando, às vezes, apenas com um abano é possível matar aquela mosca ou espantá-la".[16]

Horas depois do assassinato de Otavinho, uma equipe do Dops de São Paulo desembarcou no Rio de Janeiro. Eram os delegados Fleury, Romeu Tuma e Walter Suppo, além de dois outros agentes, que viajaram com a missão de levar o corpo do amigo à capital paulista e checar as informações preliminares sobre o ocorrido. Assim que chegaram ao IML carioca, tiveram uma ríspida discussão com os funcionários do instituto ao encontrar o cadáver do policial no chão, ainda sujo, ao lado de outros defuntos.

Após o corpo ganhar lugar mais nobre, os policiais paulistas receberam a relação dos objetos encontrados com o morto. Um dos principais agentes da repressão morrera desarmado. Otavinho tinha no peito um cordão com um crucifixo de ouro, um relógio, isqueiro e carteira. Nela, portava oitocentos cruzeiros e sete dólares, documentos e uma mensagem escrita à mão: "Em caso de acidente, mesmo que eu já esteja morto, chame imediatamente um padre". Os delegados conseguiram encontrar um religioso na madrugada para cumprir o desejo do amigo.[17]

Velado com honras de Estado na sede da Polícia Civil de São Paulo, na presença do governador Laudo Natel e com o caixão enrolado por uma bandeira do Brasil, Otávio Gonçalves Moreira Júnior foi enterrado debaixo de chuva ainda naquela segunda-feira, 26 de fevereiro, no cemitério do Morumbi, acompanhado por uma salva de tiros.[18] Na missa de sétimo dia, o capelão que conduziu a cerimônia surpreendeu os presentes — a maioria militares e policiais — ao lamentar que era impossível explicar aos familiares e à opinião pública mortes como a do delegado, assim como também a de subversivos, porque as informações eram omitidas e distorcidas pela imprensa censurada.[19]

Segundo um oficial superior do Exército que integrava o aparato repressivo, não haveria melhor impacto no moral dos agentes do que o assassinato de um delegado "idealista, amável, educado e carismático".[20] Ao visitar o DOI para retirar os objetos pessoais de Otavinho, um dos irmãos ouviu que sua pistola de estimação — uma Walther 7,65 mm — só seria devolvida à família depois que fosse usada para matar os autores do crime.[21]

A vingança começou no Rio, mas não necessariamente pelos militantes responsáveis pelo homicídio. A investigação mobilizou a Polícia Civil e o DOI, que auxiliou no depoimento das testemunhas e ajudou a elencar os oito participantes.[22] Pela ALN, além de Betty e do companheiro Flávio Leão Salles, eram acusados Merival Araújo e Tomás Antônio da Silva Meireles Neto. Os outros eram Ramires Maranhão do Valle, Ranúsia Alves Rodrigues (ambos do PCBR), James Allen Luz e José Carlos da Costa (estes da VAR-Palmares, que tinha sido praticamente extinta no ano anterior). Embora o nome da VPR apareça no comunicado, nenhum integrante do grupo, que acabara de ser dizimado no Nordeste, participou da ação. Daqueles oito, só Betty e Flávio conseguiram sobreviver à ditadura.

O primeiro a morrer foi James. Aos 34 anos, era um fervoroso adepto do militarismo dominante na fase final.[23] Goiano de Buriti Alegre, James ascendeu ao comando em 1972, quando a VAR começou a esfarelar. No início daquele ano, ele participou da polêmica execução do marinheiro inglês David A. Cuthberg, de dezenove anos. O gesto foi apresentado como um ato de solidariedade da guerrilha brasileira aos revolucionários irlandeses do IRA, mas o historiador Jacob Gorender o classificaria anos mais tarde, ao escrever sobre o período, de "assassinato puro e simples", pertencente "à fase terminal de decomposição política de certos militantes, empenhados em manter aceso o fogo de uma luta perdida".[24]

Pouco depois dessa ação, James conseguiu escapar de uma chacina promovida pela repressão numa casa do bairro carioca de Quintino, na Zona Norte — foi o único, pois sua companheira, grávida, e dois colegas foram assassinados.[25] Os militantes eram acusados de executar Cuthberg. James fugiu numa linha de trem que passava atrás do imóvel. Desapareceu provavelmente um mês (a data nunca foi esclarecida) após o assassinato de Otavinho, em Porto Alegre. É um dos tantos casos não solucionados do período — não há provas do envolvimento da repressão em seu desaparecimento, segundo investigação realizada na década de 1990.[26] Seu corpo nunca foi encontrado, e os familiares não puderam emitir a certidão de óbito.[27]

O mistério também ronda o desaparecimento do paraibano José Carlos da Costa, 35 anos, visto pela última vez em Belém no final de 1973. Sete anos depois, a pessoa que denunciou seu desaparecimento também sumiu, e os casos nunca foram esclarecidos. James e José Carlos, no entanto, foram considerados vítimas da ditadura num dos balanços oficiais realizados pelo Estado brasileiro, em 2007, com a publicação do estudo realizado pelo governo Lula intitulado *Direito à memória e à verdade*.[28]

A maneira mais rápida e eficaz de atingir os guerrilheiros era por meio dos infiltrados. A VPR foi desmantelada graças à atuação de um traidor. Na capital paulista, o DOI acionou aquele que tinha se transformado num dos seus principais colaboradores: o militante João Henrique Ferreira de Carvalho, o *Jota* da ALN, havia alguns meses na folha de pagamentos do major Ênio Pimentel da Silveira, que controlava um dos maiores "canis" da repressão.

Do setor de inteligência do grupo, o dedo-duro repassou informações certeiras sobre alguns dos colegas — mesmo aqueles que não tinham relação direta com o assassinato do delegado — e contribuiu para a que repressão tivesse no futuro novos infiltrados entre os militantes.

Graças ao trabalho de Jota, os militares assassinaram quatro guerrilheiros envolvidos na morte do comerciante português Manuel Henrique de Oliveira, que fora executado em São Paulo, também em fevereiro de 1973, por colaborar com a repressão. Três deles foram surpreendidos numa emboscada após Jota entregar o local do encontro. Um agente ouviu de Ênio e Ustra que aqueles militantes precisavam morrer.[29]

Menos de um mês depois, o quarto militante, Ronaldo Mouth Queirós, foi metralhado num ponto de ônibus da avenida Angélica — mais uma vez, com a colaboração do infiltrado. Não houve sequer abordagem: os tiros foram disparados de dentro do carro.[30]

Nanica e representativa dos rachas ocorridos na esquerda durante a ditadura, a Resistência Armada Nacional, RAN, restrita ao Rio de Janeiro, começou a se desmanchar em março de 1973 após o Exército abrir um inquérito na esteira do assassinato do delegado paulista. Praticamente todos os grupos armados seriam afetados nessa ofensiva. A investigação coube ao major Euclides da Silva Chignall, que não teve muito trabalho para começar a prender os integrantes do grupo.

Na dizimação da RAN está a origem do terceiro justiçamento da luta armada.

A organização era composta de remanescentes do movimento na serra do Caparaó, em Minas Gerais, a primeira tentativa frustrada de constituir uma guerrilha rural no país, e se consolidou entre exilados no Uruguai a partir de 1966 — alguns eram antigos membros do MNR, o Movimento Nacionalista Revolucionário ligado a Brizola. O centro de inteligência da Marinha observou que a organização se aproximou do Partido Comunista do Uruguai e se dissolveu após divergências internas em novembro de 1967, articulando-se novamente no início da década seguinte.[31] Num documento intitulado "Manifesto ao povo brasileiro", divulgado no feriado da Independência de 1972, a RAN se dizia inspirada na luta contra o colonialismo português do passado, citando Tiradentes como exemplo para enfrentar "o Exército particular dos Médici que tortura, mata e mutila revolucionários".[32]

Apesar do nome, a Resistência Armada Nacional não tinha uma profusão de quadros preparados para a luta armada, embora a defendesse em seu programa, inspirada nos exemplos dos argentinos e uruguaios. Defendia primeiro a conscientização política da população, para só depois o socialismo ser consolidado por meio das armas. A maioria de seus militantes estava mais interessada em Marx do que em tiros.

No início da década de 1970, o SNI relatou que a RAN buscava se "integrar às mais variadas camadas da população". A organização editava dois jornais que basicamente denunciavam os crimes da ditadura — eles chamaram a atenção do serviço de inteligência pelo "bom nível ideológico, parecendo buscar o aperfeiçoamento da formação política dos seus quadros" e por demonstrar o "desejo de atingir um público de nível intelectual médio ou superior". Sobre a publicação, o Cenimar observou ainda a "boa qualidade do papel [...] a cores", além das ilustrações com o triângulo da bandeira da Inconfidência Mineira e a estrela de cinco pontas da Revolução Baiana.[33]

A RAN, contudo, cometeu um erro muito comum naquele período: o descaso com as regras de segurança. A repressão a monitorava desde janeiro de 1973 — o SNI fez minuciosos relatórios sobre o furto de placas de veículos realizado por militantes em Brás de Pina, na periferia do Rio, o roubo de um carro em Vila Isabel, o assalto à casa de um médico e a invasão a um posto da então guarda noturna do estado da Guanabara, resultando no furto de dezenove revólveres. Carros adulterados (muitos eram pintados e tinham os registros numéricos alterados, assim como as placas) eram fundamentais para despistar a polícia durante as ações.

Pouco depois, durante uma tentativa de assalto a uma agência carioca da Caixa Econômica Federal, foi preso o guerrilheiro Amadeu de Almeida Rocha, dirigente que se orgulhava de ter sido detido (e depois solto) na fracassada campanha na serra do Caparaó. Levado para o DOI, Amadeu não resistiu à tortura e revelou uma série de informações sobre os colegas. Dez pessoas foram presas em dez dias, entre eles o professor de história Francisco Jacques de Alvarenga, o *Bento*, um dos quadros da RAN que nunca havia segurado um revólver.

Francisco cuidava dos jornais e da difusão de documentos e, por aqueles dias, escondia parte do armamento roubado da guarda noturna da Guanabara no apartamento onde vivia com a mãe.

Chignall certamente se surpreendeu ao levantar a ficha do professor, encaminhado para o DOI no dia 5 de abril de 1973. Com 27 anos, ele era irmão de um antigo desafeto, um colega formado na mesma turma de 1954 na Academia Militar das Agulhas Negras. Por causa do suicídio de Getúlio Vargas e da forte politização nas Forças Armadas, aquele seria um ano seminal para o golpe deflagrado na década seguinte.

O major e alguns outros alunos daquela turma se envolveriam em diversos crimes da ditadura.

Antônio Nogueira da Silva, a mulher Maria e os três filhos foram para a clandestinidade em 1969, ano seminal da luta armada. Alvo do primeiro tribunal revolucionário, ele abandonou a guerrilha por falta de "condições psicológicas".

Com cara de "bebê gordinho", Carlos Eugênio Paz virou um dos líderes da Ação Libertadora Nacional (ALN) em 1970, no período final da luta armada. Com ótima formação militar e temido pela repressão, nunca omitiu suas responsabilidades no primeiro justiçamento da guerrilha.

Em 1968, Márcio Leite de Toledo era um dos líderes estudantis em São Paulo ao lado de nomes como José Dirceu. Nascido numa família rica cujo pai era entusiasta do integralismo, ele foi do movimento estudantil direto para a luta armada. Treinado em Cuba, foi o primeiro injustiçado.

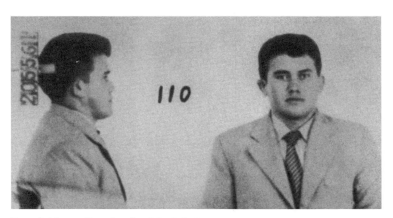

Envolvido na Revolta dos Marinheiros que convulsionou o final do governo João Goulart, o paraense Carlos Alberto Maciel Cardoso foi condenado no primeiro expurgo dentro das Forças Armadas após o golpe. Mais tarde, na ALN, conseguiu driblar a repressão, mas seus colegas não acreditaram nele.

Outro caso de dirigente da ALN que conseguiu escapar da repressão e sobreviver à ditadura, Flávio Leão Salles foi um dos homens mais procurados entre 1969 e 1974. Uma carteira de identificação militar expedida pela Marinha, com uma foto real sua, mas nome falso, foi usada como disfarce.

Professor de história mais ligado aos livros que às armas, Francisco Jacques de Alvarenga foi executado por haver delatado um colega sob tortura. Seu justiçamento marcou uma inflexão no radicalismo da guerrilha.

Maria do Amparo Almeida Araújo em 1964, aos catorze anos, com a mãe Maria José e o irmão Luís Almeida Araújo. Amparo ficou viúva três vezes durante o período de maior violência da ditadura e ainda perdeu o irmão, todos assassinados pela repressão. Ela participou do levantamento para executar o professor Francisco.

Revista da turma da Academia Militar das Agulhas Negras (Aman) de 1954 que se formou como aspirantes a oficial de artilharia. Uma parte significativa dos formandos, como Brilhante Ustra e o major Chignall, iria integrar o aparato repressivo da ditadura. Cláudio Heitor Moreira de Alvarenga, expulso do Exército e irmão de um injustiçado, seguiria outro caminho: seria um "militar-melancia" — verde e amarelo por fora, vermelho por dentro.

Registro do carioca Salatiel Teixeira Rolim ao ser preso pela ditadura em 1970. Três anos depois, quando já tinha abandonado a militância e tentava reconstruir a vida pós-prisão, ele foi executado por jovens que permaneciam ativos na organização que ajudara a fundar.

Quadro histórico do comunismo brasileiro,
Manoel Jover Telles recebeu formação política
na União Soviética, em Cuba e na China, onde certa
vez foi recebido pelo camarada Mao Tsé-tung.
Tornou-se um dos traidores da esquerda na
ditadura, mas nunca foi julgado pelos colegas.

ATO 7. Olho por olho, dente por dente

Francisco é executado; o desamparo de Amparo; os meninos da Aman dominam o jogo

Imobilizado na sala de casa, Francisco era interrogado e agredido ao mesmo tempo com socos e pontapés. Depois, começou a receber choques elétricos nas extremidades do corpo. Sua mãe, sentada num canto do apartamento, não testemunhou todas as agressões, mas escutou tudo. Climene, de setenta anos, também foi ameaçada: se o filho não colaborasse, a próxima seviciada seria ela. Anos mais tarde, Climene diria aos outros dois filhos que presenciar aquilo foi a pior tortura que poderia sofrer.[1]

Responsável pela operação dentro do prédio no bairro carioca das Laranjeiras, o major Chignall, nervoso, começou a gritar:[2] "Filho da puta irmão de filho da puta, seu irmão é que deveria estar aqui!". Referia-se a Cláudio Heitor Moreira de Alvarenga, seu ex-colega de sala na academia militar e irmão mais velho do professor, com quem o major tinha desavenças políticas havia quase duas décadas.

Francisco cedeu quando os agentes ameaçaram castrá-lo. Os militares queriam sua colaboração (seria usado como isca) para prender o guerrilheiro Merival Araújo, integrante da ALN e seu

143

grande amigo. O professor havia contado em outro interrogatório no DOI, logo após ser preso, sobre a relação entre eles. Confidenciou que Merival havia participado da execução do delegado Otavinho, conforme o próprio amigo lhe contara, lembrando sua observação: era o destino reservado aos torturadores.[3] Os militares foram para o apartamento já sabendo que os dois teriam um encontro na frente do prédio naquele sábado, 7 de abril, conforme Francisco contou, muito provavelmente sob tortura, no primeiro depoimento. Como sempre faziam, ele e Merival se falavam antes por telefone, medida que julgavam segura e que justificou a operação armada pelos agentes do DOI nas Laranjeiras.

Os dois se conheciam desde 1967, quando Merival, um jovem de origem pobre nascido em Alto Paraguai, Mato Grosso, chegou ao Rio de Janeiro. Num cursinho, teve aulas de história com o professor, o primeiro a lhe apresentar textos de Marx e Lênin. Tornaram-se amigos e dividiam a paixão pela leitura. Merival continuou estudando graças a uma bolsa concedida por Francisco. Eles se distanciaram a partir de 1969: o mato-grossense se lançou à luta armada, enquanto o professor preferiu continuar com as aulas e um discreto apoio à guerrilha.

O reencontro, três anos mais tarde, ocorreu num momento crítico do enfrentamento entre a esquerda e a repressão. Em 1972, o esfacelamento dos grupos armados se acentuara, em especial em São Paulo, onde a morte e a prisão de dirigentes da ALN levaram o Exército a comentar, numa apreciação interna, que a sigla estava "sem condições a curto prazo de realizar qualquer ação".[4] No Rio, a situação não era muito diferente, mas os guerrilheiros ainda seriam capazes de atos como o organizado numa favela em Bonsucesso, onde eles atacaram um base da Polícia Militar e vestiram um dos soldados rendidos com um macacão azul no qual se lia na parte de trás a frase "Viva Marighella". Os policiais perderam os revólveres e foram deixados amarrados ao lado de panfletos da ALN que anunciavam alguns dos objetivos da organização, como instaurar um governo revolucionário do povo no lugar da ditadura, expulsar os norte-americanos do país e confiscar todos os seus bens e propriedades, deles e dos colaboradores, além de melhorar as condições de vida dos pobres e da classe média.[5] A grande novidade daquele ano, contudo, aconteceria longe dos centros urbanos: a chegada de tropas do Exército à região do Araguaia para combater a única guerrilha rural desenvolvida no Brasil.

Clandestino e cada vez mais isolado, Merival foi socorrido pelo ex-professor, que passou a ajudá-lo financeiramente e inclusive o recebeu algumas vezes no apartamento das Laranjeiras. As armas roubadas pela RAN foram entregues a ele. O amigo queria que Francisco se juntasse à ALN, mas ele recusou, deixando o assunto em "banho-maria", conforme contou no depoimento concedido ao major Chignall.[6]

No sábado, 7 de abril, antes de telefonar para confirmar o encontro com Francisco, Merival estava no bairro, a alguns metros de sua casa. Ele se encontrou num botequim no largo do Machado com o colega Paulo Gomes Neto,[7] integrante da organização e que fora alertado na conversa para as quedas que atingiam a RAN. Neto contou ter juntado as peças daquele encontro muito tempo depois: "Ele me pediu para ter cuidado, que tinha muita gente sendo presa. Antes de ir embora, disse que faria uma ligação. Não falou para quem, mas depois compreendi tudo".

Detido na porta do prédio do professor, Merival apareceu morto uma semana depois. Seu corpo foi deixado na praça Tabatinga, na Tijuca, localizada a dois quilômetros da sede do DOI. Além das informações repassadas pelo professor, a repressão encontrou no imóvel usado por Merival — localizado graças a uma conta de energia que ele levava no bolso — uma escopeta do mesmo calibre que a usada na execução de Otavinho.[8]

145

O Exército justificou a morte do guerrilheiro com o cinismo típico daqueles anos: era mais um caso de baixa decorrente de confronto, que teria se iniciado após ele resistir à prisão. Fotos do cadáver mostram cortes profundos no corpo e a ausência de pele nas pernas e nos braços. O atestado de óbito apontou como causa da morte "ferimento penetrante do tórax com transfixão dos pulmões, hemorragia interna e anemia aguda consecutiva". Merival foi enterrado como indigente no cemitério de Ricardo de Albuquerque, na Zona Norte do Rio.

O irmão de Francisco era um velho conhecido dos militares que combatiam a subversão. De uma família de Perdões, região cafeeira do sul de Minas Gerais, Cláudio era o segundo dos três filhos de Climene — Consuelo era a mais velha, e Francisco o caçula temporão, treze anos mais novo que o irmão.

Após ficar viúva nos anos 1950, Climene se mudou para o Rio de Janeiro, onde Francisco cresceu. Nascido em Baependi, outra cidade do interior mineiro, em novembro de 1946, o futuro professor sempre foi estudioso, premiado por dois anos seguidos o melhor aluno da classe no tradicional colégio carioca Pedro ii.

Cláudio, à época, já tinha começado a carreira nas Forças Armadas, onde passou mais de uma década. Após cursar a Escola Preparatória de Cadetes, em Fortaleza, ele ingressou na Academia Militar das Agulhas Negras (Aman) em Resende, no interior fluminense, instituição que desde 1792 é responsável por formar os oficiais do Exército brasileiro.

Uma parte significativa da turma que deixou a Aman em 1954 como aspirante a oficial de artilharia iria integrar o aparato repressivo da ditadura implementada uma década depois, como Carlos Alberto Brilhante Ustra, Audir Maciel (que chefiou o doi de São Paulo após Brilhante Ustra), Antônio Belham (chefe do

DOI do Rio que viria a se tornar general e é acusado de participar do desaparecimento de Rubens Paiva) e Átila Rohrsetzer (chefe do DOI de Porto Alegre, mas egresso da escola de infantaria). Também eram parte daquela geração nomes que fizeram história na Força por motivos mais nobres: é o caso de Gleuber Vieira, que chegaria ao topo da carreira, tornando-se o último ministro do Exército — em 1999 a pasta foi extinta com a criação do Ministério da Defesa.

Na revista de formatura da turma, os estudantes escreveram uns sobre os outros. Brilhante Ustra, o único militar considerado torturador pela Justiça brasileira, foi descrito como um ser sensível que "esconde atrás da pilosidade de sua aparência um coração que ama e sofre", o "único gaúcho avesso a fanfarronadas", um "devorador incontrolável de biscoitos". Chignall era o "terror dos alfaiates por sua altura descomunal".[9]

Cláudio, cuja descrição ressalta a devoção aos livros, trilhou outro caminho ideológico, motivo do desencontro com a ala conservadora da turma representada por Chignall e Brilhante Ustra. Era conhecido desde a formatura como um "militar-melancia" — verde e amarelo por fora, vermelho por dentro. Ainda como cadete, engajou-se na campanha nacionalista em defesa do petróleo, que resultaria na criação da Petrobras. Como aspirante lotado no Rio de Janeiro,[10] acompanhou de perto a crise que levou ao suicídio de Getúlio Vargas, em agosto de 1954, ensaiando uma resistência contra o possível golpe que se tornou desnecessário com o suicídio do presidente.

Após o episódio, Cláudio acabou deslocado para Santiago, no Rio Grande do Sul. A transferência reforçou os laços com o getulismo: na cidade conheceu a futura esposa, Lizete Dornelles, uma prima de Darcy, a viúva de Getúlio. A ex-primeira-dama socorreu o casal ao influenciar na remoção do militar para São Borja, onde morava a então namorada.[11]

Como era comum nas Forças Armadas à época, Cláudio continuou ligado à esquerda, participando de confabulações com colegas de farda e civis. Ele chegou a conferenciar com Marighella e participou de um ato no Recife no início dos anos 1960 ao lado do então prefeito Miguel Arraes, que ensaiava sua candidatura ao governo de Pernambuco —[12] cargo para o qual foi eleito pela primeira vez em 1962. Cláudio era capitão de artilharia e estava lotado no IV Exército, sediado em Recife, cujo comandante em 1961-2 foi o general Artur da Costa e Silva, futuro presidente da ditadura e homem com grande prestígio dentro da Força. Foi exatamente com Costa e Silva que ele entrou em atrito nesse período. Cláudio e um colega militar assinaram um relatório que apontava irregularidades — faltavam alguns objetos da cozinha — no imóvel ocupado pelo general e a esposa na capital pernambucana.

Nos conturbados anos de João Goulart na presidência, Cláudio Heitor Moreira de Alvarenga poderia perfeitamente ter sido um dos homens do tão falado dispositivo militar que iria defender o presidente, herdeiro político de Getúlio, da sanha golpista civil-militar que crescia e tinha o apoio escancarado dos Estados Unidos; como esse dispositivo nunca chegou de fato a existir, ele nada pôde fazer. Radicalmente contrário à derrubada do presidente, era evidente que seria um dos punidos nos novos tempos.

Na limpeza interna promovida após o golpe, Cláudio foi um dos 6591 militares excluídos das Forças Armadas, reformado compulsoriamente por ser "inapto" para a carreira nos quartéis em função de suas alegadas atividades "política e subversiva". Ele foi descrito como uma pessoa que se deixava contaminar pela "paixão política em detrimento do seu dever militar", além de não reconhecer "o dever que tinham as Forças Armadas de agirem em 31 de março de 1964".[13] Quem assinou sua expulsão foi o mesmo

Costa e Silva, então ministro da Guerra do primeiro governo da ditadura, comandado por Castelo Branco.

Era o primeiro expurgo de um dos filhos de Climene.

Após o teatro armado na sua casa para prender o amigo Merival, do qual foi obrigado a participar, Francisco voltou para a prisão, onde sua situação se tornou delicada. Tão logo o corpo de Merival apareceu, ele foi responsabilizado pela morte. Os detentos deram-lhe um gelo. Prevalecia a retórica guerrilheira de que "não há torturas que façam um militante revolucionário trair seus camaradas".[14] A ALN prontamente condenou a atitude do professor, considerado um pai por Merival. Os guerrilheiros que estavam em liberdade logo souberam, em mensagens repassadas pelos presos, que Francisco não demonstrara nenhum remorso,[15] embora esse entendimento não tenha sido unânime.

Dois ex-integrantes da RAN contam histórias diferentes. Rubim Santos Leão de Aquino, amigo de Francisco e também professor de história, preso por consequência do mesmo inquérito conduzido pelo major Chignall, contou que ele "estava arrasado com a morte de Merival". Rubim disse que Francisco admitiu não ter resistido às torturas, mostrando queimaduras no braço e relatando que tinha urinado sangue após ser espancado.[16]

Já Cláudio Augusto Nascimento, que conheceu o professor na prisão, lembra que o encontrou nervoso e muito pesaroso em relação ao episódio vivido com Merival, mas ainda com ânimo para discutir política.[17] No primeiro contato entre os dois, Nascimento disse que as insistentes perguntas de Francisco o levaram a pensar que este fosse um informante da polícia, suspeita desfeita após conhecer a parte trágica de sua história.

Semanas mais tarde, no dia 28 de maio de 1973, Francisco foi solto por ordem do major Chignall. Para sair da prisão, foi obrigado a assinar um documento no qual se declarava arrependido da luta armada, que "não leva a nenhuma solução viável para a sociedade brasileira".[18]

O professor retomou as aulas de história e voltou a morar no apartamento das Laranjeiras com a mãe. Idealista, bonachão e algo ingênuo,[19] ele perseverava. Pouco tempo depois, reencontrou novamente Nascimento, que também estava livre, durante uma visita ao escritório do advogado Modesto da Silveira, famoso pela defesa de perseguidos políticos. Francisco acreditava que, no futuro, a detenção na ditadura seria "muito importante em nosso currículo". Com o corpo ainda marcado pelas sevícias,[20] ele consolou naquele dia a namorada de Nascimento, ainda muito abalada após a tortura na prisão.

A família do professor estava assustada, em especial Cláudio, que àquela altura já tinha uma nova carreira como analista de crédito do mercado financeiro. Ele se inquietou ao ser citado na tortura do irmão e por causa das ameaças feitas pelo ex-colega da Aman contra a mãe. Mas seu temor era que os guerrilheiros da ALN decidissem se vingar de Francisco, o que o levou a tentar localizar entre abril e junho de 1973, sem sucesso, algum integrante da organização no Rio ou em São Paulo, onde morava. O ex-capitão queria explicar as circunstâncias da operação organizada pelos militares no apartamento de Climene.

Sua preocupação era correta. No final de maio, o comando da organização no Rio de Janeiro determinou aos seus integrantes que elaborassem um plano para executar Francisco, considerado um traidor que deveria ser condenado à morte. Não se sabe como se deu essa decisão, apenas que ela foi tomada e executada pelo comando carioca do grupo, o mesmo do qual Merival fazia parte. A jovem guerrilheira Maria do Amparo Almeida Araújo, à época com 22 anos, recebeu a missão de preparar o levantamento para a execução do professor.

Ela trabalhou no plano por duas semanas, detalhando o policiamento na região, os horários com maior e menor fluxo no trânsito, as vias de fuga, quando o professor chegava e saía do trabalho e sua rotina dentro do Colégio Veiga de Almeida, no bairro carioca da Tijuca. Nos fundos da escola funcionava o cursinho Miguel Couto, preparatório para o vestibular, onde Francisco dava aulas.[21] Amparo também relataria a postura do alvo no seu local de trabalho: "parecia muito tranquilo", como se nada tivesse acontecido com Merival.[22]

Eram 11h15 da manhã de uma quinta-feira, 28 de junho de 1973, quando três homens entraram na portaria principal do Veiga de Almeida, no número 242 da rua São Francisco Xavier. Um rendeu o porteiro, enquanto dois se dirigiram para os fundos. Francisco estava numa das salas do Miguel Couto elaborando uma questão sobre o Egito Antigo para um exame que aplicaria dali a alguns dias. Fazia um mês que estava em liberdade.

"Quem aqui é o professor Jacques?", perguntou um dos homens, citando o sobrenome pelo qual era conhecido entre os militantes.

"Sou eu", respondeu Francisco, levantando a mão. Foram quatro tiros à queima-roupa, dois no pescoço, um na cabeça e outro no peito.[23]

A ação durou menos de três minutos. Os guerrilheiros deixaram a sigla ALN pichada numa das paredes da escola e um comunicado[24] em que justificavam o assassinato pelo fato de Francisco ter colaborado e participado da "cilada" contra Merival.

A ALN, cumprindo seu dever de não deixar impunes os traidores da causa da libertação do Brasil, condenou à morte esse traidor.

Reafirmamos o nosso direito à [sic] aplicar a justiça revolucionária de frente para o povo.

Os combatentes revolucionários assassinados não serão esquecidos nunca. Sua coragem e dedicação são nosso exemplo. Frente à tortura e o assassinato nossa resposta será sempre: olho por olho, dente por dente.

O justiçamento marcou uma inflexão no radicalismo da guerrilha. Pela primeira vez um militante era eliminado por haver delatado um colega sob tortura. A ALN desconsiderou a responsabilidade do Estado na morte de Merival e puniu uma das vítimas da violência da ditadura.

Conforme diria Jacob Gorender anos mais tarde, se a organização adotasse aquele princípio contra todos os militantes presos que abriram alguma informação na tortura, ela deveria promover uma "carnificina".[25]

Maria do Amparo não vê diferença entre ter feito o levantamento e ter apertado o gatilho contra o professor. Ela se considera igualmente responsável pela execução: "Fazia parte da conjuntura. Não vou entrar no mérito se estava certo ou errado".[26]

Na década de 1990, em entrevista ao jornalista Luiz Maklouf Carvalho, ela considerou o assassinato de Francisco "totalmente desnecessário":

Havia outras formas de neutralizar a ação de possíveis recuos ou traições, e o justiçamento [...] não trouxe o Merival de volta. Apenas não tínhamos como vislumbrar essas saídas. Naquela época foi o caminho que encontramos para seguir, e naquele momento foi a nossa verdade. [...] Não tínhamos como avaliar as consequências do ato. Vivíamos uma situação em que cada passo era o limite entre a vida e a morte.[27]

152

Amparo jogou-se na luta armada no final de 1970, após a morte de Joaquim Câmara Ferreira, momento em que a ALN enfrentava o radicalismo e as dificuldades dos anos finais. Viveu três anos intensos, período em que ficou viúva três vezes — os companheiros eram do grupo — e ainda perdeu o irmão, também guerrilheiro. Todos foram assassinados pela repressão. Após o justiçamento de Francisco, ela nada mais fez que esconder-se.

Nascida em 1950 em Palmeira dos Índios, cidade alagoana que teve o escritor Graciliano Ramos como prefeito, Amparo começou a se interessar pelo socialismo quando adolescente, por influência de um padre, seu professor em um internato paulista. Quem a cooptou para a guerrilha foi o irmão Luís Almeida Araújo, o *Lula*, formado militarmente em Cuba.

Maria José, a mãe viúva que morava em São Paulo, sabia do envolvimento deles — ela também se envolveu, mas afetivamente, ao namorar um guerrilheiro vinte anos mais novo, amigo dos filhos. Tratava-se de Francisco Seiko, assassinado pela repressão em 1973, aos 26 anos.[28] Maria José trabalhava à época em um hospital e aproveitou o uniforme branco para se misturar aos funcionários do IML e entrar para se despedir de Seiko. Preparou o corpo e o fotografou no caixão.[29]

Amparo contaria no futuro que foi uma "reles tarefeira" na ALN, mas suas atividades sugerem uma importância maior. Sua especialidade era preparar bombas caseiras, função que detestava por ter que amassar o permanganato de sódio, um dos componentes usados na fabricação, trabalho solitário e extremamente tedioso, que requeria tempo e muita atenção. Eventualmente, ela participava de alguma ação, tendo aprendido a montar armas e a decifrar os códigos usados pelos dirigentes para compartilhar informações.

A luta armada lhe tirou muito, mas trouxe amores e amigos como Merival, com quem ela criou uma relação de amizade e de admiração intelectual. Ele, por sua vez, foi o responsável por iniciá-la na literatura socialista. Os dois costumavam ler juntos as intermináveis teses revolucionárias e depois as debatiam por horas.

O primeiro golpe que sofreu foi o desaparecimento do irmão, em junho de 1971, alvo do Cabo Anselmo, agente duplo que naquele momento vinha contatando militantes com a desculpa de reestruturar a VPR, enquanto na verdade colaborava com as investidas do Dops, delatando vários de seus conhecidos à repressão. Lula levou um colega guerrilheiro (o último a vê-lo vivo e que seria preso e assassinado um mês mais tarde, no Rio)[30] de carro para um encontro com Anselmo no bairro do Pacaembu, em São Paulo. Foi sequestrado ao deixar a região pela avenida Angélica. A família nunca soube o destino do corpo.

Um ano depois, numa emboscada na capital paulista, a repressão assassinou Iuri Xavier Pereira, o primeiro companheiro de Amparo, com quem ela morava desde 1970 — o casal estava junto quando Márcio Leite de Toledo foi justiçado, crime que contou com a participação de Iuri.

A sequência de companheiros e execuções foi rápida. Como ela diria, "tudo era rápido", inclusive os relacionamentos: "Não tínhamos tempo a perder, não sabíamos até quando estaríamos vivos".[31]

O segundo companheiro assassinado foi Luís José da Cunha, o *Crioulo,* um recifense com notórias qualidades para fazer política — tão em falta no período final, cujo enredo foi tomado pelo radicalismo. Crioulo ainda estava com Amparo quando Francisco foi assassinado, mas atuava principalmente em São Paulo, onde foi preso em julho de 1973. As circunstâncias de sua morte nunca foram esclarecidas. Enterrado como indigente no cemitério de Perus, na Grande São Paulo, ele teria sua ossada identificada três décadas depois.[32]

No final do ano, a ALN — como as demais organizações —

estava praticamente aniquilada. Os quadros foram reduzidos a poucas dezenas de militantes, cercados e sem força para articular uma reação.

Morando sozinha numa casa em Campo Grande, subúrbio do Rio que na primeira metade dos anos 1970 ainda guardava o aspecto de zona rural, Amparo abrigou no imóvel o colega Tomás Antônio da Silva Meireles, um dos envolvidos na execução do professor — o único identificado pela repressão. Amazonense, descendente de uma tradicional família de comunistas, Meireles era jornalista e sociólogo, com curso de filosofia em Moscou. Numa noite de lua cheia em que dividiram uma garrafa de vinho e a rede, nasceu um romance que, embora curto, foi o que mais a marcou.[33]

Meireles desapareceu meses depois, em maio de 1974, provavelmente no bairro do Leblon, onde deveria encontrar Flávio Leão Salles — que, junto com a companheira, deixou o Brasil pouco depois. O corpo de Meireles nunca foi encontrado.[34] A aventura armada terminou para Amparo naquele momento. Ela perdeu o contato com os demais quadros da organização, mas continuou no Rio, clandestina, até a promulgação da Lei da Anistia no final daquela década. Usava documentos falsos, o que lhe permitiu trabalhar. Os órgãos de segurança chegaram a dar a guerrilheira por morta.

Na década seguinte, quando recuperou sua identidade, Amparo tornou-se uma liderança dos direitos humanos no Nordeste. Ela nunca imaginou que pudesse ser alvo de uma vingança — muito menos que fosse relacionada aos anos da luta armada, uma vez que naquela época participava da denúncia de crimes cometidos por policiais militares em Pernambuco. Mas esse era o desejo de Climene, que não aceitava a morte de Francisco. Seu cabelo grisalho ficou completamente branco após o justiçamento do filho. "Ela passou a rogar praga para que todos os responsáveis morressem", disse a filha Consuelo.[35]

Francisco foi enterrado na quadra 48 do cemitério do Caju, num túmulo próximo ao do visconde do Rio Branco, um dos mortos ilustres do lugar. Uma semana mais tarde, Climene fez um pedido a Cláudio após relembrar sua própria história familiar: o pai, assassinado numa disputa de terra no interior paulista, não foi vingado por seus irmãos, como ela tanto desejara. Agora, Climene pedia ao filho um destino diferente: "Não faça como seus tios, que se acovardaram na hora de vingar seu avô. Quero que você mate quem fez isso com Francisco. Por mim e por ele".[36]

Se a decisão era matar, pensou o capitão reformado do Exército, que fosse com sua Colt .45, que o acompanhava havia décadas. Além de familiar, a pistola era do mesmo calibre que a utilizada pelos executores do irmão.

Foi no último ano do século xx que Cláudio descobriu que Maria do Amparo Almeida Araújo era uma das participantes do justiçamento de Francisco. Ela admitiu seu envolvimento no crime em entrevista a Luiz Maklouf Carvalho para o livro *Mulheres que foram à luta armada*, publicado em 1998. O silêncio de mais de duas décadas tinha explicação: ela também se considerava uma das responsáveis.

Cláudio leu a obra no ano seguinte, quando estava prestes a completar setenta anos e caminhava para uma confortável aposentadoria como consultor de crédito do mercado financeiro. Ele ainda desejava cumprir o pedido da mãe.

O ex-militar tem os olhos próximos e pequeninos, um bigode à moda antiga que conserva desde a mocidade e o tom de voz professoral que não se alterava ao falar sobre a vingança: contava os planos com certa indiferença, como se o personagem que organizasse um crime fosse outro. Metódico e organizado como costumam ser os homens formados nos quartéis, decidiu ir pessoalmente ao Recife, onde morava Amparo, a 2800 quilômetros de seu apartamento na avenida Paulista, em São Paulo. Jamais iria terceirizar a vingança.

Como era réu primário e quase septuagenário, talvez nem fosse preso, pensou. Tudo dependeria da fuga, a parte mais arriscada do plano.

"Como se tratava de uma mulher, não teria coragem de matá-la a tiros, como sempre havia imaginado. Por isso escolhi o banho de ácido. Meu objetivo era desfigurá-la, já era suficiente."[37]

Ainda em 1973, depois do justiçamento do irmão, quando a mãe começou a falar na vendeta, Cláudio tentou localizar algum guerrilheiro da ALN para vingar-se. Na época, acreditava ter identificado no Rio um alvo, embora fosse impossível saber se ele havia participado do justiçamento. Mesmo assim, foi atrás do homem com sua .45, mas disse ter desistido da vingança ao vê-lo com uma criança no colo: "Não tive coragem".

Climene superou o assassinato do filho na segunda metade da década de 1980. Depois de frequentar igrejas de diferentes religiões, ela se acalmou após receber um recado psicografado durante uma sessão espírita: Francisco dizia estar sereno e pedia para ela ficar em paz. Ateu, Cláudio nunca levou a mensagem a sério. Nem mesmo se importaria com um novo pedido feito pela mãe pouco antes de morrer, em 1994, de que esquecesse de vez a desforra.

Cinco anos mais tarde, quando ele pensava finalmente em executar a vingança, Amparo era uma das principais ativistas dos direitos humanos no Nordeste. Caminhava para completar cinquenta anos, vinte a menos que Cláudio, e ainda guardava os traços da bela jovem que encantou muitos guerrilheiros. Seu envolvimento com os direitos humanos começou com a redemocratização, tornando-a uma das fundadoras do grupo Tortura Nunca Mais em Pernambuco.

Amparo teve papel fundamental na luta de famílias de desaparecidos políticos durante os processos de reparação que começaram no governo Fernando Henrique Cardoso (1995-2002). Graças a ela, o ex-companheiro Crioulo, enterrado como indigente no cemitério de Perus, em São Paulo, ganhou uma sepultura no Recife 33 anos depois, conforme o desejo da família.

O plano do capitão reformado do Exército marcaria um reencontro improvável entre duas vítimas distintas do período de maior violência política do país.

A família de Cláudio sabia de seu desejo de vingança — e era radicalmente contra. Ele disse que adiou a execução duas vezes por causa dos netos, até que chegou a uma conclusão: "Sou muito mole, não tenho vocação para matar". Como aconteceu com seus tios décadas antes, ele não conseguiu vingar o irmão.

Cláudio vivia nos últimos anos entre São Paulo e Perdões, no Sul de Minas, onde cuida das fazendas de café e de velhos casarões que adquiria para restaurar — em meados de 2017, trabalhava na reforma do segundo imóvel. Mantinha ainda um contato esporádico com alguns colegas da Aman, mas, segundo disse, seu passado de "militar-melancia" ainda incomodava alguns deles. Cláudio nunca mais teve notícias de Chignall, que morreu em fevereiro de 2014, aos 81 anos, em Curitiba, cidade onde viveu seus últimos anos.

Meses antes de falecer, ao ser localizado por telefone, Chignall disse nunca ter conhecido o professor Francisco Jacques de Alvarenga. Ao ouvir o nome de Cláudio, seu colega de turma na Aman, continuou se fazendo de desentendido: disse não se lembrar de quem se tratava. O projeto Brasil: Nunca Mais, pioneiro em levantar os crimes da ditadura, listou o major como torturador. Seu nome aparece em vários documentos do i Exército, no Rio de Janeiro, no qual atuou no auge da repressão. Apesar das denúncias, ele não foi citado no relatório final da Comissão Nacional da Verdade. Como centenas de outros militares, Chignall morreu protegido pelo Exército e sem ter sido julgado pelos crimes cometidos na ditadura.

Para o ex-capitão Cláudio, seu irmão foi vítima "dos loucos da direita e dos loucos da esquerda".

Amparo continuava vivendo no Recife e seguia militando pelos direitos humanos. Ela soube que seria alvo da vingança de Cláudio no início da pesquisa deste livro, em meados de 2012.[38] Constrangida, apenas comentou: "Se essa era a vontade dele, o que posso fazer?".

ATO 8. O traído é executado por traição

Salatiel é o último justiçado; o desespero no cerco final

Menos de um mês depois do assassinato de Francisco, quatro jovens guerrilheiros do PCBR realizaram num bar do Leblon, no Rio de Janeiro, o último justiçamento da guerrilha urbana. O alvo foi Salatiel Teixeira Rolim, o *Chinês*, mais conhecido entre os comunistas pelo codinome *Roberto Penaforte*, adotado ainda na década de 1950. Assassinado aos 46 anos, ele estava livre havia pouco mais de um ano, após passar dois na prisão. Era um dos fundadores do grupo.

O PCBR, ou ao menos o que restava da organização, se resumia à época ao quarteto responsável pelo crime, todos militantes inexpressivos, inexperientes e em condições precárias de sobrevivência. No início de 1973, eles se intitularam os responsáveis pelo "comissariado nacional provisório", que comandaria a organização até o final. Eram Ramires Maranhão do Valle, Almir Custódio de Lima, Vitorino Alves Moitinho e Ranúsia Alves Rodrigues, a mais velha deles, com 28 anos. Àquela altura, os antigos — e principais — integrantes da organização estavam dispersos pelo interior do país, quando não exilados no exterior, onde uma nova direção fora organizada, mas com quase nenhuma conexão aos quadros ativos que continuaram no Rio.

O grupo vinha de uma sucessão de quedas que derrubaram toda a direção. A primeira se deu no início de 1970, a seguinte no final de 1972, quando seis militantes foram executados, entre eles o mineiro Getúlio de Oliveira Cabral, cujo nome[1] batizou o comando que matou o delegado Otavinho, integrado por Ramires e Ranúsia.

Encurralados e sem uma estrutura que garantisse a mínima segurança, os quatro se recusavam a abandonar a luta contra a ditadura. O "comissariado nacional provisório" era uma tentativa dos remanescentes de manter a sigla ativa, mas o próprio SNI, àquela altura, considerava a tarefa improvável: "É possível admitir a existência de duas organizações terroristas com remotas possibilidades de pequenas ações, a ALN e o PCBR. As dificuldades no recrutamento de novos quadros estão impedindo o crescimento destas organizações e, a não ser que recebam reforços do exterior, a tendência natural é de se extinguirem".[2]

Romildo, irmão de Ramires que também flertou com a guerrilha, encontrou-o pela última vez em 1972, período em que ele e os colegas eram obrigados a realizar pequenas ações (as expropriações) para sobreviver na clandestinidade. Estavam todos em situação crítica e sem perspectiva de algum ato bem-sucedido naquele contexto. Apesar dos apelos de Romildo, Ramires se negou a abandonar a militância armada. Disse que era um dever moral seguir em frente.[3]

Os militantes exilados também enviaram pedidos para eles saírem do país — se quisessem continuar vivos. O quarteto avisou que sairia, mas ainda tinha uma última missão a cumprir.[4] Era o justiçamento de Salatiel.

O ex-dirigente caiu em desgraça com parte da organização ainda em 1970, acusado de entregar sob tortura um dos colegas

— o que era falso. Pesava ainda a suspeita de desvio de dinheiro, nunca comprovado.

O que ninguém sabia — muito menos os jovens que o executaram — é que Salatiel foi traído por uma amiga que ele mesmo recrutou para o PCB. Tratava-se de uma infiltrada (devidamente remunerada), que fez um acordo para entregá-lo à repressão.

Como a ALN, o Partido Comunista Brasileiro Revolucionário nasceu a partir do PCB. Seus fundadores abandonaram a legenda por causa da posição contrária à luta armada — prevaleceu a opinião de Luís Carlos Prestes, que antes mesmo do golpe já rechaçava a tática, propondo uma frente democrática contra a ditadura que, gradualmente, levasse à transição para o socialismo.[5]

Vinte dissidentes criaram o PCBR em 1968, num sítio nos arredores de Niterói.[6] Eram quadros com experiência política e militar. Apolônio de Carvalho, o secretário político, combateu na Guerra Civil Espanhola e fez parte da resistência francesa durante a Segunda Guerra Mundial (1939-45). Jacob Gorender também esteve na guerra na Europa e foi formado em Moscou, como Mário Alves, o secretário-geral. Salatiel, responsável pelas finanças, fazia parte desse núcleo.

A concepção inicial do PCBR era de um partido político que teria um braço armado para promover a revolução socialista — como fez o Partido Comunista Chinês.[7] A organização previa a tomada do poder em duas fases. As ações armadas só seriam realizadas depois de conscientizar a população, em especial os trabalhadores. A realidade brasileira, contudo, impôs outra prática: as ações começaram antes da estruturação política, muitas delas com o objetivo de divulgar a existência do grupo.[8] A imersão na luta armada se deu em João Pessoa, em maio de 1969, com um assalto ao Banco da Lavoura, inaugurando esse tipo de ação no Nordeste.

Nascido no Rio em janeiro de 1927, Salatiel ingressou no PCB na virada dos anos 1940 para os 1950. Criado no subúrbio carioca, em pouco tempo ele se tornou popular no meio sindical e na imprensa. Quem o conheceu nessa época lembra dele como uma pessoa discreta e observadora.[9] Vestido sempre de paletó, era um profundo conhecedor do samba e da cultura popular, sendo eleito em 1947 primeiro-secretário da União Geral das Escolas de Samba, a primeira organização do gênero criada pelas escolas do Carnaval carioca.[10]

O codinome Roberto Penaforte surgiu nos textos que assinava nas publicações do PCB e batizou sua carteira profissional de jornalista.[11] Nos processos que respondeu na Justiça, anos mais tarde, também seria descrito como funcionário público e biscateiro.[12]

Além das finanças, Salatiel ajudou na expansão nacional do PCBR. Uma das áreas escolhidas era o Nordeste, onde no final dos anos 1960 havia uma legião de jovens estudantes dispostos a enveredar na aventura armada.[13] O grupo logo começou a chamar a atenção por sua estrutura "bem montada".[14] Poderia ser grande, mas não fugiria da regra: era frágil, como logo ficaria evidente.

O PCBR tentou se enraizar no Paraná,[15] que oferecia áreas no campo para o desenvolvimento da guerrilha rural e era ideal sobretudo por estar fora de grandes centros como Rio e São Paulo, onde as ações armadas e da repressão se concentravam. O estado do Sul acabou virando destino de militantes de todo o país e de dirigentes como Apolônio de Carvalho e Salatiel,[16] mas o trabalho não deu certo. Falhas de segurança comprometeram a atuação no estado, como num frustrado assalto em abril de 1969 a uma agência do Banco do Brasil no município de Telêmaco Borba. Um funcionário da agência, simpatizante do grupo e envolvido na ação,[17] foi denunciado na véspera pelo padrinho da filha após lhe confidenciar sobre os preparativos. Levado para Curitiba, o bancário — que nunca pegou em armas — conheceu a rotina de hor-

163

rores na prisão. Um colega de cela não tinha mais impressões digitais nos dedos após eles serem queimados com maçarico e espremidos num torno dentro de uma lata.[18]

Pouco depois, foi preso o principal financiador da organização, por coincidência outro funcionário do Banco do Brasil: o corpulento Jorge Medeiros Vale, conhecido como *Bom Burguês*, que teve a identidade e seu esquema revelados após a delação de um militante que passara a atuar como colaborador da polícia. Trabalhando numa agência do Leblon, no Rio, o Bom Burguês desenvolveu um engenhoso esquema de desvio de dinheiro para a luta armada — foram surrupiados mais de 2 milhões de dólares.[19] Os principais destinatários eram o MR-8 e o PCBR, neste caso graças a um acordo selado por Salatiel num jantar com o Bom Burguês na churrascaria carioca Las Brasas. Por meio de Salatiel, ele enviava ao PCBR "importâncias diversas", que giravam entre "quinhentos e seiscentos mil cruzeiros novos".[20]

Jorge nunca pertenceu a nenhuma organização, mas simpatizava com a guerrilha. Seu sonho era montar negócios no exterior (agências de turismo, estações de rádio e jornais) para financiá-la. O financiamento durou quase um ano, sendo interrompido com sua prisão em agosto, após ser delatado. O Exército encontrou 700 mil dólares separados em pacotes na casa do Bom Burguês — no inquérito a que ele respondeu constou a apreensão de apenas 300 mil. Jorge acusou os militares de embolsar o restante do valor[21] e denunciou um esquema de lavagem de dinheiro que envolveria Iolanda, a esposa de Costa e Silva, mas não houve investigação a respeito. Preso e torturado, ele cumpriu pena de seis anos na ilha das Flores. Antes de ser transferido para o local, chegou a dividir cela no Rio com o jornalista Elio Gaspari.[22]

A queda do Bom Burguês foi o prenúncio dos maus tempos — ele entregou informações sobre vários guerrilheiros, inclusive Salatiel.[23] Naquele mês, a situação do militante parecia insustentável. Era criticado pelos colegas por relacionar-se autonomamente com outros grupos, como o Movimento Revolucionário 26 de Março, o MR-8, no qual militava um de seus filhos, Sérgio Rolim, e a ALN do seu amigo Marighella. Alguns militantes como Apolônio de Carvalho acreditavam que Salatiel repassara parte do dinheiro do Bom Burguês para essas organizações, que defendiam a imediata luta armada, mas não há prova de que isso tenha realmente acontecido.[24] O próprio Apolônio, mais de duas décadas depois, creditou o desinteresse de Salatiel à incapacidade do PCBR de realizar ações armadas. Ele era partidário da ação guerrilheira imediata, tanto que enviou o filho para um treinamento militar em Cuba.[25] Ao retornar de Havana, em agosto, Sérgio acabou preso.

A crônica de quedas em agosto teve mais um nome próximo a Salatiel: Maria Tereza Ribeiro da Silva, a amiga que ele aproximou do grupo, foi detida num aparelho do Rio.

A história de Maria Tereza é uma incógnita. Ex-integrantes do PCBR não se recordam da morena de lábios carnudos e olhos expressivos, cuja fotografia permaneceu nos arquivos do Cenimar. Ela era mais ligada a Salatiel do que a qualquer outro guerrilheiro. Os dois se conheceram no antigo INPS do Rio; ela era funcionária e ele frequentava a agência por causa de sua atuação no movimento sindical.

Numa carta enviada a uma amiga no primeiro dia de agosto de 1969,[26] Maria Tereza cismou que seria presa. "Imagina você que, iludida com as teses do PCBR, entre outras coisas, cheguei a comprar dois carros em nome de um motorista, conhecido meu, [...] com dinheiro fornecido por Salatiel, como você bem sabe um dos dirigentes do partido, com quem vinha, há alguns meses,

165

mantendo estreitas relações." Sua impressão era correta: ela foi detida dois dias depois.

Os militares convenceram Maria Tereza a atuar como espiã — seria uma das tantas "cachorras" remuneradas para exercer a função. Para os agentes, ela seria Renata, nome com que assinou seu primeiro documento com a repressão: "Maria Tereza Ribeiro da Silva, após prestar seu depoimento neste centro, concordou em colaborar com o Cenimar na captura de Salatiel e também procurar uma maior infiltração nos quadros do PCBR".

O trabalho começou com relatórios sobre a rotina do amigo — as viagens que fazia e seus contatos. Minuciosa, Renata indicava até a placa dos veículos que ele usava (como um JK verde, placa GB Z0 5575).[27]

Naquele segundo semestre de 1969, a relação entre Salatiel e seu grupo estava estremecida. As divergências ficaram evidentes quando se iniciou um debate interno sobre o futuro da luta armada.[28] Uma ala encabeçada por Gorender e Apolônio de Carvalho defendia um recuo — menos armas e mais mobilizações políticas —, o que levou os colegas militaristas a chamá-los de "oportunistas de direita".[29] A pressão para o desencadeamento imediato das ações armadas vinha sobretudo do pessoal do Nordeste.[30] Segundo Gorender, analisando os eventos anos mais tarde, nenhum dos companheiros prestava atenção ao crescimento econômico em curso — começava o milagre econômico da ditadura — e ao desânimo e alheamento da classe média em relação à guerrilha, cada vez mais isolada e cujas ações tinham poucas ou quase nenhuma repercussão popular. O sequestro do embaixador americano Elbrick provocaria certa simpatia na população, mas foi uma exceção e logo cairia no esquecimento. Era como se a guerrilha evocasse o povo numa guerra de libertação nacional contra o regime e esse mesmo povo não se importasse ou ignorasse abertamente esse esforço. O ex-guerrilheiro Cid Benjamin observou, décadas depois:

Ninguém faz a revolução por ninguém: ou os trabalhadores entram ou não há revolução. Havia um abismo entre a forma de integração que apresentávamos aos trabalhadores e as lutas possíveis para eles naquele momento. Isso levou a um isolamento nosso, [...] de modo que o problema do cerco e aniquilamento era questão de tempo.[31]

Salatiel se frustrou ao constatar que o PCBR não tinha condições de promover ações grandiosas.[32] Com a prisão do filho e as notícias de sua tortura, ele procurou a organização e propôs o sequestro de alguma autoridade para libertá-lo. Sem um consenso sobre como travar a luta contra a ditadura, se com mais enfrentamentos armados ou com a adoção de políticas voltadas para conscientizar a população, o grupo avisou que não tinha condições de realizar uma ação dessa magnitude.[33]

No mês seguinte, quando Charles Elbrick foi raptado, Salatiel recorreu a Marighella para tentar incluir Sérgio na lista dos presos liberados, mas o líder da ALN, surpreendido pela ação contra o diplomata, nada pôde fazer.[34] Os dois se encontraram pela última vez no final de outubro, quando participaram de uma reunião em Irajá, no subúrbio do Rio. Marighella seria assassinado dias depois em São Paulo.[35]

Salatiel se afastou gradualmente do PCBR, mas a situação nunca seria resolvida. Os dirigentes não oficializaram sua saída e ele também não pediu oficialmente o desligamento.[36] O assunto deveria ser discutido em janeiro de 1970 pelo Comitê Central — isso se o grupo não tivesse começado a desmoronar no mês anterior.

No dia 17 de dezembro morreu o marechal Costa e Silva, após semanas de convalescença de uma isquemia cerebral. O PCBR aproveitou o luto nacional para assaltar uma agência bancária em Brás de Pina, no subúrbio do Rio. A ação terminou com troca de tiros com a polícia — um sargento morreu e o motorista dos guerrilheiros foi preso com parte do dinheiro. Torturado, ele entregou a localização de seis aparelhos, estourados nos dias seguintes. Pelo menos dez militantes foram presos.[37]

Em janeiro, o rapa da repressão continuou. Em dez dias, doze dos quinze membros do Comitê Central do PCBR caíram — as quedas atingiram também a ALN e o MR-8. Salatiel foi detido no dia 13 dentro de um cinema da Baixada Fluminense, graças às informações de Maria Tereza.[38] Levado para o DOI da rua Barão de Mesquita, foi torturado durante dias.[39]

"Tive uma visão aterrorizante dele", testemunhou um dos detentos. Na unidade do Exército, após os interrogatórios que incluíam choques elétricos e espancamentos no pau de arara, Salatiel era deixado "no meio de tijolos" com a cabeça coberta por um capuz preto. Outro colega reparou o corpo vermelho e inchado.[40]

Nos interrogatórios, o Velho Sala — como muitos se referiam a ele — abriu uma série de informações, como a localização de aparelhos no Paraná (dois sítios no estado foram comprados pessoalmente por Salatiel)[41] e em São Paulo. A direção do PCBR, após seu afastamento, não desativou os imóveis, como pregava a prudência revolucionária. O erro ainda seria lamentado no futuro, tratando-se de uma falha de procedimento que resultou na prisão de novos integrantes. Se um guerrilheiro tivesse conhecimento dos prédios e das casas utilizadas pela organização e fosse preso ou abandonasse a luta, esses lugares se tornavam altamente vulneráveis, passíveis de serem identificados a curto prazo pelo inimigo — por isso a necessidade de não mais utilizá-los.

Também detido, Apolônio de Carvalho ouviu de um militar que "Salatiel nos deu o que podia dar".[42] Foi levado para São Paulo e depois para o Paraná. Um colega o encontrou na prisão em Curitiba "arrebentado, com dificuldades para respirar, o rosto deformado e machucaduras pelo corpo".[43]

A intensidade da tortura no DOI carioca só diminuiu na segunda quinzena de janeiro por causa do sádico assassinato de um dos dirigentes do PCBR. Preso em 16 de janeiro, Mário Alves morreu após ser empalado com um porrete repleto de pregos — instrumento usado para ameaçar outros detidos na mesma unidade. O guerrilheiro baiano foi seviciado por cerca de oito horas na Sala Roxa, ou Boate, como era conhecida a sala com um globo de luz azulada e vidro espelhado. Mário tinha 46 anos. Seu cadáver nunca foi encontrado.

A acusação de que Salatiel entregou os colegas do PCBR, em especial Mário Alves, surgiu ainda na prisão, em comentários entreouvidos, como o narrado por Apolônio de Carvalho. Como o Velho Sala tinha revelado alguns dos esconderijos da organização, os colegas acreditaram que partiu dele a delação que derrubou Mário Alves, um dos principais nomes da esquerda armada no período e certamente um dos mais influentes no PCBR, ao lado do próprio Apolônio. Como se deu a queda do dirigente é assunto ainda controverso. Um ex-integrante do partido afirmou que, muito provavelmente, quem entregou o lugar onde estava o secretário-geral do partido foi seu motorista,[44] o único que sabia seu paradeiro e que também foi preso e torturado. O historiador Jacob Gorender, fiando-se nas informações repassadas pela viúva, contou história diferente: Mário saiu de casa em três noites consecutivas, dizendo à mulher que passaria uns dias fora, mas regressou nas três ocasiões porque não encontrara o contato que esperava. Havia ainda um quarto e último encontro, o que implicava "elevadíssimo grau de temeridade".[45] Ele saiu de casa no bairro carioca da Abolição, na Zona Norte, pouco depois das dezessete horas e nunca mais voltou.

Não há dúvida de que Salatiel, após ser preso, contou alguma coisa sobre endereços e militantes do PCBR, mas sua participação na queda de Mário Alves é descartada pelos principais ex-integrantes da organização. De toda forma, ao ser julgado no tribunal revolucionário realizado pelos remanescentes do grupo, a responsabilidade da repressão nas torturas que sofreu não foi levada em conta.

Na prisão, Salatiel adotou uma postura defensiva, própria de quem sabe que existe uma hostilidade contra ele.[46] Isolou-se, passando a maior parte do tempo com seu radinho de pilha ou jogando dominó. Ainda manteve uma relação fraternal com quem não o considerou um traidor, sempre alertando os colegas para as questões de higiene e os cuidados com a saúde — ele teve uma crise de hemorroidas na prisão e passou a ajudar os detentos que sofriam do mesmo problema, recomendando-lhes comer o bagaço da laranja.

O clima melhorou quando foi transferido para o presídio de Linhares, em Juiz de Fora, onde se tornou um dos presos mais respeitados — em Minas não havia a animosidade do Rio. Salatiel até deu aulas para os detentos sobre a história do samba e do Carnaval.[47] No presídio mineiro, ficou amigo de Farid Helou, um arquiteto que tinha feito parte da ALN e que o ajudou a conseguir emprego após deixar a prisão, em abril de 1972.[48] Em difícil situação financeira, Salatiel foi contratado, por indicação de Farid, como gerente de um botequim chamado Escorrega, na rua Dias Ferreira, no Leblon. Como o filho, também em liberdade, ele abandonou a militância.

Mas, para os jovens que ainda reivindicavam a existência do PCBR, o ex-militante era um traidor, responsável por delações e por embolsar parte do dinheiro da organização. Uma das falsas evidências era o bar, que eles pensavam ser de Salatiel. O botequim foi citado como argumento no comunicado divulgado pelo grupo após o justiçamento. A penúria financeira do militante, pelo jeito, não chegou ao conhecimento de Ranúsia, Ramires, Almir e Vitorino, que o executaram após ele abrir o Escorrega numa manhã de domingo, 22 de julho de 1973. O fundador do PCBR estava em liberdade condicional havia quinze meses. Foi alvejado no peito enquanto servia os militantes no balcão:[49]

O indivíduo Salatiel ("Chinês"), ex-militante e ex-membro do Comitê Central do PCBR, preso pela repressão no início do ano de 1970, é condenado à morte por: corrupção e expropriação individual na utilização do dinheiro da revolução e do partido, dinheiro este conseguido pela organização para a luta revolucionária popular; delação aos órgãos de segurança interna de uma série de companheiros revolucionários que posteriormente foram submetidos às mais brutais torturas após serem presos pela ditadura; colaboração direta com o inimigo, entregando às forças policiais uma série de moradias e o patrimônio da revolução e do partido.

Todos estes crimes significam a prova clara de sua alta traição ao povo e à revolução.

A revolução tem o dever de eliminar todos os torturadores, delatores, traidores e inimigos do povo que tentem deter o caminho da vitória do povo sobre o imperialismo e sobre a ditadura militar.

A revolução tem o dever de, à mão armada, fazer pagar pelos seus crimes todos os que merecem.

Assim, cumprimos o nosso dever em aplicar merecidamente sobre este elemento a justiça revolucionária.

Ao povo oferecemos a luta. Aos torturadores, traidores e inimigos do povo, a morte.

O teor do comunicado era semelhante aos divulgados pela ALN. Mas, ao contrário do que aconteceria com os ex-militantes desta organização, alguns deles minimizando os justiçamentos realizados pelo grupo, no PCBR a execução provocou uma repulsa geral, definida como um "ato de desespero de meninos", baseado em falsidades.[50] Segundo Apolônio de Carvalho, os executores ignoraram o "volume das torturas" sofridas por Salatiel — apesar de ele ter ressaltado num livro de memórias a "fraqueza" do colega.

O ex-guerrilheiro Álvaro Caldas lembra que o justiçamento era considerado correto para eliminar infiltrados e quem mais cometesse crimes contra os revolucionários, mas questionou: "Quem é que iria julgar a gravidade [dos] crimes contra a revolução? Os bigodes e os métodos do camarada Stálin pairavam por cima de nossas cabeças e estavam no coração de muitos".[51]

Na década de 1980, Jacob Gorender fez uma das mais contundentes críticas ao justiçamento do militante, descrito como uma "vingança" na qual a vítima, sem direito de defesa, não representava nenhum risco à organização. Ele também criticou a falta de idoneidade dos guerrilheiros que mataram Salatiel para agir em nome do PCBR:

> Ambas as acusações pendiam sobre Salatiel sem terem sido provadas. É verdade que suas informações à Polícia do Exército marcaram o início da catástrofe do PCBR em janeiro de 1970, mas não se deve omitir as torturas, que o esmagaram, nem a responsabilidade de outros militantes naquela catástrofe. Salatiel não passou para o lado do inimigo. Pelo contrário: foi dos poucos presos que tiveram coragem para denunciar em juízo a prisão e morte de Mário Alves.[52]

Após a ação no Leblon, os quatro guerrilheiros do PCBR sobreviveram por mais três meses. Eles foram os responsáveis pela última ação da guerrilha urbana no Brasil:[53] a explosão de uma bomba — sem feridos — em frente à loja da companhia aérea LAN-Chile, no centro do Rio, em outubro de 1973. Era um protesto contra o golpe que depusera no mês anterior o presidente chileno Salvador Allende. A partir dali, os atentados realizados no país seriam todos de responsabilidade dos setores mais radicais das Forças Armadas, com o objetivo de impedir a abertura democrática. Esse tipo de terrorismo praticado no final dos anos 1970 e início dos 1980, promovido por agentes do Exército, envolveu bombas em livrarias e bancas de jornal, uma carta-bomba enviada à sede da Ordem dos Advogados do Brasil do Rio em 1980, que resultou na morte da secretária que a abriu, e culminou no célebre episódio do Riocentro. O atentado aconteceria num show em comemoração do Dia do Trabalho, em 30 de abril de 1981, mas foi frustrado porque uma bomba explodiu no colo de um dos militares que executariam o ataque — o sargento que levava o artefato morreu na hora, enquanto o capitão do DOI que o acompanhava ficou ferido com a explosão acidental, mas sobreviveu.

Ranúsia, Ramires, Almir e Vitorino foram executados no dia 27 de outubro numa ação do DOI do I Exército, chefiado pelo general Adyr Fiuza de Castro. O Exército informou que eles morreram numa troca de tiros ao resistir à prisão, mas o estado dos cadáveres — três deles carbonizados, dentro de um carro —, o depoimento de testemunhas e documentos da própria ditadura desconstruíram a versão oficial.[54]

"Não ouvimos um gemido, só os tiros, o estrondo e a correria dos carros", disse uma testemunha ouvida pela revista *Veja*.[55]

O corpo de Ranúsia, fora do carro, era o único que não estava carbonizado — tinha marcas de tiros no rosto e no peito.[56] Presa naquela manhã, ela provavelmente foi forçada a ir à praça do Sentinela, em Jacarepaguá, para atrair os colegas. Os quatro foram enterrados como indigentes no cemitério de Ricardo de Albuquerque, no subúrbio do Rio. Foram os últimos dos dezesseis militantes do PCBR assassinados pela repressão.[57]

Muito tempo depois, um ex-militante, Antônio Soares de Lima Filho, conhecido como *Lúcio Help*, reivindicou sua participação no justiçamento de Salatiel. Amigo de Ramires, com quem dividia a paixão pelos Beatles, ele estava afastado da organização desde 1972 por "comportamento inadequado".[58]

Na década de 1980, a revista *IstoÉ* publicou uma reportagem com o relato de um suposto ex-integrante do grupo apresentado como um dos executores de Salatiel. No texto, o suposto guerrilheiro é protegido pelas iniciais A. C., sugerindo os nomes de Apolônio de Carvalho ou Álvaro Caldas.

Para Romildo Maranhão do Valle, irmão de Ramires, o depoimento na revista é de Lúcio Help: "Com certeza é ele, por causa da silhueta na foto e pelo relato. Ouvi muito aquela história, seu discurso é megalomaníaco".

Quarenta e cinco anos depois, Antônio ainda se apresentava como membro do "comando político-militar" da organização — ele admitiu a ex-militantes ter participado do justiçamento, mas ninguém o levou a sério. "Não vejo motivo para me eximir. Participando ou não dessas ações, éramos todos politicamente responsáveis", disse.

Apesar de todas as evidências, ele ainda responsabiliza Salatiel pela morte de Mário Alves, referindo-se à postura "deletéria" do ex-militante.

O paradeiro de Maria Tereza Ribeiro da Silva, que continuou a trabalhar como informante do Cenimar, é um mistério. Décadas mais tarde, ela não foi encontrada no endereço registrado em seu nome, uma favela do Rio, que constava num banco de dados do governo federal.[59]

Sabe-se por meio de uma carta endereçada aos seus superiores no serviço de inteligência da Marinha que ela manteve contato com Salatiel no primeiro semestre de 1973, após o ex-guerrilheiro deixar a prisão.[60] À época, a informante estava infiltrada entre os exilados brasileiros no Chile.

Escrevendo ao agente do Cenimar a quem prestava contas e informações, Maria Tereza reclamou de sua situação financeira e pediu um aumento:[61]

As perspectivas de produção são ótimas e você sabe que nunca me neguei a qualquer tarefa para o Serviço (já estou com vocês há quase quatro anos, lembra-se?), mas eu tenho que ter a mínima condição financeira! [...] Só tenho você para me ajudar. Não me falte, por favor! Não deixe cair esta carta no esquecimento.

ATO 9. Os cães ladram na caravana final

Infiltrados e traidores; justiçamentos no campo; a mistificação

General de modos simples e apaixonado por futebol, Emílio Garrastazu Médici passou o poder em 1974 para Ernesto Geisel, tendo acabado definitivamente com o surto armado da esquerda. No final daquele ano, o Exército assassinou os últimos guerrilheiros no Araguaia. Uma década depois de deixar a presidência, Médici rememorou: "Era uma guerra, depois da qual foi possível devolver a paz ao Brasil. Eu acabei com o terrorismo neste país. Se não aceitássemos a guerra, se não agíssemos drasticamente, até hoje teríamos o terrorismo".[1]

A rede de infiltrados e "cachorros", essencial na guerra contra a esquerda armada, continuou ativa até a redemocratização. Os traidores, agentes duplos e infiltrados que causaram mortes e prisões e foram desmascarados pelos antigos colegas de armas passaram incólumes ao crivo da justiça revolucionária. Os grupos armados não justiçaram nenhum deles, nem mesmo os que foram identificados como traidores ainda durante a luta armada — caso de alguns dos citados anteriormente, como Hermes Camargo Batista e José da Silva Tavares. A grande maioria, no entanto, só seria conhecida anos mais tarde, após a redemocratização, quando a vingança — dentro da lógica guerrilheira — não fazia sentido.

Mais célebre "cachorro" da ditadura, Cabo Anselmo foi condenado à morte — ele e o delegado Fleury — num tribunal organizado no primeiro semestre de 1973 no Chile por exilados da VPR.[2] Meses antes ele havia ajudado o Dops a assassinar seis militantes do grupo no Recife — sua namorada, a paraguaia Soledad Barret, estava entre as vítimas da chacina, que ficaria conhecida como massacre da chácara São Bento, operação realizada para desmontar definitivamente a organização.

O delator desapareceu após a ação, fazendo antes uma cirurgia plástica no rosto no Hospital Albert Einstein. A esquerda só voltou a ter notícias dele onze anos mais tarde — na primeira de suas muitas aparições.

O ex-marinheiro foi um dos melhores "cachorros" no "canil" do delegado Sérgio Fleury, que acabou se tornando o pai que ele nunca teve.[3] Segundo Elio Gaspari, sua "transmigração [...] foi um fato traumático e custoso para a esquerda armada, mas isso se deveu mais à inépcia dos seus aliados do que à competência dos novos patrões".[4] Anselmo viria a ser conhecido como agente Kimble, codinome inspirado num personagem do seriado *O fugitivo*, o dr. Richard Kimble.

Historiadores estimam em pelo menos vinte os mortos delatados por Anselmo —[5] que já falou em centenas, mas nesse caso a conta incluiria também os militantes presos que não foram assassinados.

José Raimundo da Costa, que avisou Antônio Nogueira da Silva sobre o tribunal revolucionário,[6] morreu após ser delatado por Anselmo, assim como Luís Almeida Araújo, irmão de Maria do Amparo.

Na fase final, quem bancava o nome de Anselmo na esquerda era Onofre Pinto, um guerrilheiro alto, forte e centralizador, expulso do Exército no primeiro ato institucional da ditadura e um dos fundadores da VPR. Os dois se aproximaram em Cuba, em 1969, quando Onofre chegou àquele país após ser libertado com o sequestro de Charles Elbrick. Ele deu a Anselmo carta branca e cerca de 50 mil dólares para a reestruturação do grupo no Brasil.

Do exílio, Onofre ignorou todas as notícias de que seu protegido trabalhava para a polícia — pensava tratar-se de intriga revolucionária, comum naqueles tempos e muito alimentada pelos militares no combate à esquerda. Vários guerrilheiros alertaram a cúpula da VPR de que Anselmo estava trabalhando para a ditadura: algumas das testemunhas asseguravam ter visto o ex-marinheiro entrando em carros da polícia ou mesmo circulando por delegacias. Mas Onofre foi um dos tantos a subestimar a força e a ousadia da repressão. As execuções em Pernambuco ocorreram dezenove meses depois da primeira denúncia de que Anselmo era "cachorro". Nesse período, o então comandante da VPR nada fez a respeito.[7]

Onofre cometeu erros primários, como discutir os planos com Anselmo por telefone. Houve quem defendesse seu fuzilamento por conivência com o inimigo. "Não podíamos assumir a postura de um verdadeiro movimento revolucionário e por isso só se podia expulsá-lo", lamentou o guerrilheiro Ângelo Pezzuti,[8] que à época defendia a desmobilização do grupo no Brasil para uma posterior reorganização no exterior.

Desmoralizado por causa das execuções no Recife e por ter sido trapaceado por Anselmo, Onofre — o primeiro e o último comandante da VPR, responsável por recrutar Lamarca — ainda tentou seguir na luta armada. Do Chile foi para a Argentina, onde começou a organizar o retorno ao Brasil com outros exilados que ainda planejavam organizar um foco guerrilheiro contra a ditadura brasileira. Um deles era o experiente José Lavecchia, de 55 anos, mas havia aventureiros como o jovem argentino Enrique

Ernesto Ruggia, de dezoito anos, que nada conhecia da realidade brasileira. Um ano e meio depois do massacre no Recife, Onofre repetiu os mesmos erros: ele se movia num covil de infiltrados.

Um dos homens que se preparava para entrar no Brasil, vindo da Argentina, era Alberi Vieira dos Santos, ex-sargento da Brigada Militar gaúcha, ligado no passado a Brizola, mas naquele momento a serviço do Exército. Alberi e Otávio Rainolfo da Silva, dois dos militares infiltrados na aventura de Onofre, se juntaram a outros cinco militantes. O grupo deixou o território argentino, repousou num sítio no lado brasileiro da fronteira e de lá seguiu de madrugada para o Parque Nacional do Iguaçu, por onde caminharia na mata até o município de Medianeira, no Paraná. Na cidade, estava prevista a primeira ação dos guerrilheiros, um assalto a uma agência bancária. Onofre deveria encontrá-los na cidade, antes da expropriação.

Os cinco foram fuzilados na entrada do parque. A senha para o início dos tiros era a luz de um refletor, que se acendeu, indicando o momento para os dois infiltrados — que saíram ilesos — se jogarem ao chão. Tratava-se da última etapa do que ficou conhecido como Operação Juriti, comandada pelo CIE do Exército, cujo objetivo era atrair exilados políticos para bases fictícias de guerrilha no Brasil e, em seguida, matá-los. Preso, Onofre morreu num centro clandestino do Exército, provavelmente após receber uma injeção do inseticida Shelltox. "Ao passar pelo banheiro, vi ele deitado, meio elétrico", contaria Otávio Rainolfo da Silva. Segundo o ex-militar, Onofre teve os dedos, a arcada dentária e as tripas removidos. O que sobrou do cadáver foi jogado num rio coberto anos depois pelo reservatório da hidrelétrica de Itaipu.[9]

Chizuo Osava, conhecido na guerrilha como Mário Japa e ex-integrante do comando da VPR, lembra que Onofre ficou "doido e obcecado" após a revelação de que fora enganado por Anselmo, e acredita que isso pesou na sua decisão suicida de retornar ao Brasil a todo custo: "Foi um negócio muito malfeito, mas naquela altura as pessoas já estavam perdidas, não conseguiam raciocinar".[10]

Sobre o agente duplo, personagem que sempre o fascinou, Japa reconhece a responsabilidade dele na aniquilação da VPR, mas não acha justo atribuir toda culpa ao cabo. "Ninguém foi mais arrebentado pela vida e pela repressão do que Anselmo. Perdeu a dignidade, a identidade, tudo."

Anselmo contou num livro de memórias que a palavra "traição" é "muito dura" para descrever sua atuação, mas tinha consciência de que a história lhe reservaria o papel de Judas.

> Culturalmente, a "traição" é proibitiva, um pecado, um indicador de fraqueza, de mau caráter. Uma ação abjeta. Tudo quanto se repete e se documenta, tudo quanto se aprende configura o traidor como um ser desprezível. [...] A ação anticomunista consciente e livre é imperdoável, punida com a morte física ou moral.[11]

Na guerrilha rural do Araguaia, realizada pelo PCdoB, os guerrilheiros realizaram justiçamentos contra camponeses e pistoleiros acusados de colaborar com o Exército. Desenvolvida na área conhecida como Bico do Papagaio, junção dos rios Araguaia e Tocantins, onde se encontram a Amazônia, o Nordeste e o Brasil Central, a luta no campo, como a urbana, mobilizou jovens (a maioria com formação superior) de classe média que começaram a chegar à região ainda em 1966. Enquanto estiveram sozinhos na mata, livres da repressão dos militares, eles viveram entre camponeses, cultivando roças, dando assistência médica e aulas à população. Em meados de 1972, quando o Exército realizou a primeira ofensiva, os guerrilheiros contavam 59 homens e catorze mulheres, efetivo maior do que tinha Fidel Castro ao chegar ao litoral

180

de Cuba no início da Revolução.[12] As Forças Armadas consideraram a campanha guerrilheira na selva uma das ações mais contundentes da esquerda armada contra a ditadura, ensejando uma série de debates e estudos internos e criando certa expertise de guerra de guerrilha que, décadas depois, ainda é usada na formação de aspirantes a praças e oficiais do Exército.

Os justiçamentos ocorreram depois que a chegada da Força na região obrigou os moradores a colaborar na caçada à guerrilha. "Ou apoiava ou ia para a taca, apanhava até a morte",[13] recordou uma moradora.

O jovem lavrador João Pereira da Silva foi a primeira vítima. Casado e com dois filhos, ele morava no terreno dos pais numa área conhecida como Pau Preto, na beira do rio Araguaia. João tinha uma convivência amistosa com os guerrilheiros, mas, depois que os militares instalaram uma pequena base no terreno de sua família, foi obrigado a servir de guia.

"O cabeça [dos militares] falou com o José, meu marido, que queria comprar umas galinhas para fazer janta. Depois, outro militar disse: 'O senhor me dá um rapaz do senhor para me levar até o Jabuti Cru?'. O José mandou o João ir. [...] Aí eu fiquei em casa chorando. A gente era gente mansa. Dei a chorar", contou a mãe do lavrador. Segundo a irmã, Irene, os guerrilheiros "ficaram com raiva da gente porque o Exército estava dentro da nossa casa".[14]

João foi executado em junho de 1972. O crime foi usado pelos militares para desconstruir a boa imagem dos revolucionários entre os camponeses. O Exército procurou a família do lavrador e propôs ao pai dele que matasse um guerrilheiro preso em vingança. Ele não quis, argumentando que isso não o faria ter o filho de volta.[15]

O PCdoB executou outras três pessoas no Araguaia: dois foram justiçados, enquanto a terceira vítima, o cabo Odílio Cruz Rosa, morreu após um confronto na selva.

Osmar Pereira (sem parentesco com João) morava em Palestina, povoado nas margens do rio Araguaia, na divisa do Pará com o atual estado do Tocantins. Era considerado o melhor mateiro da área e tornou-se amigo de Osvaldo Orlando da Costa, o *Osvaldão*, 1,98 metro, sapato 46 e barba, uma das principais lideranças da guerrilha. Osmar começou a aparecer com roupa presenteada pelos militares — sinal da ajuda ao inimigo. Foi executado em setembro de 1972, após rápida deliberação do partido.[16]

O último justiçamento, em março do ano seguinte, foi de Pedro Mineiro, um temido pistoleiro que trabalhava numa das maiores fazendas do Araguaia. Ele nunca foi simpático aos guerrilheiros. "Sabíamos que era um pistoleiro perigoso e evitávamos contato", contou José Genoino,[17] um dos sobreviventes da aventura na floresta.

Pedro colaborou com o CIE nas primeiras investidas do Exército — se transformou num "bate-pau", como os dedos-duros eram chamados na região. Muitos foram recompensados com glebas de terra e casas, e o governo federal pagou até o funeral de um deles.[18]

Num período de trégua nos combates, Pedro foi abordado pelos guerrilheiros em casa. Ângelo Arroyo, operário metalúrgico que se tornara dirigente do PCdoB e estivera presente no Araguaia, descreveu o episódio num relatório batizado com seu sobrenome e escrito após a experiência na selva para o comitê central do partido. Nele, narra parte da experiência guerrilheira na selva e diz que, com Pedro, foram encontrados armas, roupas, remédios, mapas aerofotogramétricos da região, títulos de posse ilegal de terra e cartas de oficiais recomendando-o a outros militares.[19] O pistoleiro foi executado na frente da esposa e dos filhos.[20]

Durante muitos anos a morte do advogado baiano Rosalindo de Sousa, o *Mundico*, esteve envolta em mistério. Os relatos diziam que o guerrilheiro de 32 anos fora alvo de um justiçamento (versão dos militares), cometera suicídio (moradores da região), sofrera um acidente com a própria arma (comandantes da guerrilha) ou havia sido executado pelo Exército (ativistas de direitos humanos).[21] O caso foi esclarecido numa reportagem de Leonencio Nossa, que entrevistou um mateiro que admitiu ter executado Mundico: "Fui no rastro dele, segui pela mata. Parei. Ele estava lá. Atirei na direção. Foi um tiro só", disse o agricultor aposentado Olímpio Pereira, ex-colaborador do Exército.

É provável que a motivação do crime tenha combinado vingança e cumprimento de ordens, já que Mundico foi citado como um dos participantes do justiçamento de João Pereira, e Olímpio era compadre do pai de João. Depois de enterrado, o corpo de Mundico foi desenterrado e decapitado por decisão do Exército.[22]

Cinquenta e nove pessoas foram assassinadas pelo Exército no Araguaia — apenas dezesseis sobreviveram ao cerco.[23] A ordem de exterminar todos, mesmo os que se entregaram, passou pelo Palácio do Planalto. O general Ernesto Geisel, presidente da distensão lenta e gradual, comentaria: "Esse troço de matar é uma barbaridade, mas eu acho que tem que ser".[24]

Houve a abertura, mas a máquina repressiva continuou a funcionar na segunda metade dos anos 1970, cooptando quadros da esquerda que alimentavam a inteligência militar. O objetivo era se preparar para um eventual recrudescimento das ações armadas — o que nunca aconteceu.

Em 1974, a rede de informantes ganhou um militante graúdo: Severino Teodoro de Melo, o *Melinho*, que aos 57 anos era membro do comitê central e um dos quadros mais respeitados do PCB.

Preso quando se dirigia para um encontro amoroso,[25] Severino foi levado ao centro clandestino usado pelo Exército em Itapevi, na Grande São Paulo. Foi um dos poucos a sair vivo da casa,

183

usada pelo DOI e pelo CIE para desovar cadáveres — pelo menos oito guerrilheiros do PCB morreram no imóvel; pesos eram amarrados nos pés ou colocados dentro dos corpos antes de serem lançados num rio no município de Avaré, em São Paulo.[26] Após dias de tortura, Severino aceitou colaborar.

Depois de acabar com os grupos armados, a repressão mirava no PCB, o Partidão, que sempre renegou a luta armada e que naquela época tinha um esquema de segurança inexistente e "surpreendentemente vulnerável" —[27] um dos principais dirigentes do partido, que permaneceu no Brasil, se permitia frequentar festas de réveillon na sociedade carioca, onde mais de um dos presentes sabia que ele era um dos "homens da direção do PCB".[28] O objetivo dos militares era escancarar as conexões entre a sigla e o MDB, o único partido da oposição permitido pela ditadura, que nas eleições legislativas de 1974 tinha recebido 4 milhões de votos a mais que a Arena — o partido oficial da ditadura — para o Senado, além de ter feito maioria em estados importantes como São Paulo, Rio de Janeiro e Rio Grande do Sul.

Durante sua longa colaboração, Severino foi uma preciosa fonte para os militares na Operação Radar, que visou o Partidão — parte da cúpula comunista, como Luís Carlos Prestes, já vivia no exílio. A operação esteve ativa pelo menos até o início de 1976, com desdobramentos que marcaram o governo Geisel, como os assassinatos do jornalista Vladimir Herzog e do operário Manoel Fiel Filho no DOI de São Paulo. Vinte pessoas foram mortas nesse período, incluindo dirigentes do PCB, e mais de duzentas foram presas em todo o país.

Severino atuou até como enviado especial da repressão em Moscou, onde viveu exilado no final dos anos 1970. Pelo menos quatro militantes foram assassinados graças à sua colaboração.[29]

"Foram muitas quedas, todas rápidas. Mas não acho correto responsabilizar só o Severino. A culpa era de todos que estávamos na direção", disse José de Albuquerque Salles, ex-integrante do comitê central do PCB. Salles lamenta a falta de rigor dos militantes, o que facilitou o trabalho da repressão. Ele disse ainda que a traição de Severino foi "chocante, inesperada e muito triste".

Nascido no Rio Grande do Norte um mês antes da Revolução Russa de 1917, Severino começou a militância nas Forças Armadas em 1935, quando participou da malsucedida revolta comunista contra o governo de Getúlio Vargas. Continuou no PCB mesmo depois de surgirem indícios de sua colaboração. Em 1992, após o desmoronamento da União Soviética, o partido foi rebatizado como PPS, e Severino continuou membro de sua direção nacional.

Celebrado pelos pares, passou a receber o chamado "socorro vermelho", ajuda financeira destinada aos militantes históricos. O pagamento só foi interrompido em meados dos anos 2010, após Severino admitir, numa conversa gravada,[30] que colaborou com a ditadura. Ele foi expulso do PPS.[31]

É impossível precisar o número de colaboradores e infiltrados utilizados pela ditadura — foram centenas.

Muitos, como Severino, responderam à estrutura do major do Exército Ênio Pimentel da Silveira, considerado o "grande motor"[32] da repressão no auge do enfrentamento com as organizações armadas nas cidades. Baixinho, conhecido nos porões como *Doutor Ney* ou *Neyzinho*, o major começou a montar seu "canil" no DOI de São Paulo ainda em 1970.

Ênio era um estudioso da esquerda e foi um dos grandes "viradores" de militantes — costumava torturá-los durante a negociação em centros clandestinos como a casa de Itapevi. Chefiou ainda a seção de operações do CIE e cuidou de um centro que monitorava refugiados políticos de países vizinhos. Estima-se que o militar tenha participado do sequestro, tortura e morte de pelo menos quarenta pessoas.[33]

Ele controlou o estudante de medicina João Henrique Ferreira de Carvalho, um dos responsáveis pela desarticulação da ALN. Do setor de inteligência do grupo, João contribuiu para a morte de uma dezena de militantes.[34] Seguido pelo DOI sem ser percebido, ele acabou levando os agentes a outros companheiros, mas os militares queriam mesmo era cooptá-lo. Certo dia, o guerrilheiro foi abordado por Ney e outros dois perto de onde morava, na Zona Sul de São Paulo. Eles apostaram no militante porque sabiam que era "uma pessoa fraca, que podia ser convencida". A negociação, dentro de um carro, foi rápida: ou colaborava ou morria.[35] Seu codinome no "canil" seria *Jota*.

Em 2016, já aposentado como médico, João foi denunciado pelo Ministério Público Federal por sua atuação "determinante" como infiltrado no assassinato de três militantes da organização em 1973. A Procuradoria sustenta que ele sabia que os militantes seriam mortos e alega que seus crimes foram "cometidos em contexto de ataque sistemático e generalizado à população, [...] o que os qualifica como crimes contra a humanidade — e, portanto, imprescritíveis e impassíveis de anistia". Como em outras ações do gênero, esta não prosperou na Justiça por causa da Lei da Anistia.[36]

"Não me arrependo", respondeu o delator.[37]

A prática mostrou que quase sempre um "cachorro" poderia levar a outro. O estudante de medicina Jurandir Duarte, militante da ALN, foi cooptado após ser entregue ao DOI por Jota, em abril de 1973. Ele achou que o amigo também tinha sido preso, mas depois entendeu sua função.[38] O major Ney lhe explicou o trabalho: "Você vai ter uma vida normal. Se alguém te contatar, avisa a gente".[39]

Os militares queriam que ele entregasse Lídia Guerlenda, uma das principais guerrilheiras da ALN, que à época já tinha deixado o Brasil. Jurandir conta que aceitou colaborar porque a colega estava fora do país.

Seu trabalho terminou no início de 1975, quando entregou a Ênio o convite de seu casamento. A união era um dos elementos que comprovava a nova vida do estudante, longe da militância. Naquele ano, a ALN não existia mais. Nos quase dois anos de atividade, Jurandir recebeu um pequeno salário, que era doado por sua mãe para uma instituição de caridade.[40] "Ninguém caiu ou morreu por minhas informações", justificou-se.

O major Ney manteve sua estrutura de infiltrados até morrer, em 1986. Foi encontrado dentro de sua residência, numa vila militar do litoral paulista, com quatro tiros no peito. Uma investigação concluiu tratar-se de suicídio, mas o resultado foi contestado por seu filho, que acredita em assassinato.[41] Ele, contudo, não tem elementos além da própria convicção.

Um ex-militar que trabalhou com Doutor Ney contou que ele tinha "vida cara, com casas, dívidas e muitas mulheres".[42]

Essa afirmação foi corroborada por um relatório da polícia de Praia Grande, onde o major foi encontrado morto, anexado ao inquérito do Exército que apurou o caso:

[Ele] tinha sobejas razões para pôr termo a [sic] vida. Sua atividade anterior, como oficial do Exército operando junto ao DOI, sua agitada e indecisa vida sexual acarretando ônus para sua já mal combalida situação financeira, seu estado de saúde que, em futuro não muito distante, o excluiria do comando de qualquer unidade militar, havendo poucas chances de chegar ao generalato, e sua teimosia em não tomar os medicamentos que lhe foram receitados, formaram um quadro de suicida que poderíamos dificilmente contestar.[43]

"Caminho de rato" era uma expressão usada para procurar um suspeito em determinada área da cidade. Tratava-se de uma ronda meticulosa, rua por rua, geralmente realizada por duas ou mais equipes até que o alvo fosse encontrado. A busca poderia levar dias.

Um oficial do DOI do I Exército determinou que seus agentes fizessem o "caminho de rato" em outubro de 1976 na Vila Valqueire, bairro carioca da Zona Oeste, até que encontrassem um senhor alto, de óculos e cabelos brancos, avistado dias antes na companhia de um militante do PCdoB que era vigiado. "Ele gesticulava como se estivesse dando ordens. Estava na cara que era o chefe, mas a equipe o perdeu de vista", contou o oficial.[44]

No terceiro dia de busca, os militares encontraram o alvo numa padaria: era Manoel Jover Telles, 56 anos, um dos dirigentes nacionais do partido. Como Severino Teodoro de Melo, tratava-se de outro quadro histórico da esquerda brasileira: deputado estadual nos anos 1940 pelo PCB gaúcho, sigla à qual foi filiado por décadas, Jover Telles era um "operário comunista cem por cento integrado", como o definiu Astrojildo Pereira,[45] um dos fundadores do Partido Comunista Brasileiro.

Nascido em São Miguel, no interior paulista, em 1920, caçula de oito filhos de um casal de espanhóis da Andaluzia que emigrou para o Brasil, era louvado entre os comunistas por sua formação intelectual e por conhecer na pele as agruras do operariado.

Ainda criança, Jover trabalhou nas minas de carvão de São Jerônimo, no Rio Grande do Sul, a primeira usina termelétrica do país. Desempenhou a atividade, a mesma dos pais e avós, por treze anos.

No Partidão, recebeu formação política na União Soviética, em Cuba e na China, onde uma vez foi recebido pessoalmente por Mao Tsé-tung. Em 1962, publicou o livro *O movimento sindical no Brasil*, um importante levantamento sobre as vitórias e derrotas dos operários na primeira metade do século xx. Adepto da luta armada e simpático a Stálin, Jover — como muitos — trocou o PCB pelo PCdoB após o golpe de 1964.

Depois da execução dos guerrilheiros no Araguaia, o PCdoB continuou na mira da repressão. Em 1975, mais de vinte pessoas ligadas à organização foram presas.[46] Faltavam, porém, os dirigentes.

O partido tentava sobreviver. Jover, contrariando a posição de membros da direção que insistiam para que deixasse o Rio de Janeiro por questões de segurança — como tinham feito muitos companheiros —, continuava na cidade e praticamente isolado do restante da organização. Era o secretário político na região, mas já dava sinais de desânimo. Um colega militante[47] conta que o sinal de "degeneração pessoal" ficara evidente quando ele, ainda clandestino, começou a escrever contos pornográficos para conseguir uns trocados.[48]

Quando foi preso em outubro de 1976 e levado para o DOI, na rua Barão de Mesquita, na Tijuca, o oficial que o interrogou disse que ele já estava em processo de "desbundamento", ou seja, pensando em abandonar a militância e "propenso a colaborar".[49] É certo que a tortura e a ameaça de morte contribuíram. O acordo foi selado: o comunista ajudaria os militares a desmantelar o que restava do PCdoB.

Em troca, receberia indenização e emprego na fábrica de armas Amadeo Rossi, no Rio Grande do Sul, historicamente ligada ao Exército. O suborno foi ideia do general Leônidas Pires Gonçalves, chefe do Estado-Maior do I Exército desde março de 1974 — o militar acumulava o comando do Codi, ao qual se subordinava o DOI: "Fui adido militar na Colômbia [e] aprendi que lá que eles compravam todos os subversivos".[50] A filha de Jover recebeu o butim, o equivalente em 2021 a 82 mil reais.[51] A Força ainda providenciou um documento falso para ele em nome de Antônio

Lima — a filha, também empregada na Amadeo Rossi, alterou o sobrenome.[52]

Nos três meses em que esteve controlado pelos militares, Jover teve "cinco ou seis" encontros frustrados, sem avistar ninguém. Até que, em novembro de 1976, soube da reunião do comitê central que seria realizada em São Paulo no mês seguinte. O PCdoB discutia os efeitos da guerrilha, assunto que dividia seus integrantes. Numa das frentes, que pretendia ignorar a tragédia na selva, o partido divulgou um documento louvando os três anos das Forças Guerrilheiras do Araguaia — quando todos já estavam mortos. Triunfalista, tratava-se, segundo Elio Gaspari, de um dos "mais grosseiros episódios de mistificação política produzidos pelo comunismo nacional".[53]

Em um mês, os militares prepararam o que entrou para a história como o Massacre da Lapa, o último golpe da ditadura contra a esquerda. A ação foi coordenada por Carlos Alberto Brilhante Ustra, à época chefe da seção de operações do CIE em Brasília.[54]

A reunião começou no dia 14 de dezembro numa casa na rua Pio XI, no bairro paulistano da Lapa. Participaram onze militantes, nove deles da direção. Jover Telles viajou para São Paulo acompanhado do oficial que o controlava (que, claro, não testemunhou o encontro) e conferenciou normalmente, permitindo-se criticar os companheiros pelo misticismo sobre o Araguaia.[55]

As prisões começaram na noite seguinte, ao final do encontro, quando os primeiros guerrilheiros passaram a deixar a casa — saíam somente dois de cada vez e com os olhos vendados, para não reconhecerem o imóvel e a rua da reunião. Jover e o militante José Gomes Novais deixaram o imóvel juntos, durante a madrugada do dia 16. Embarcaram num carro com Joaquim Celso de Lima, motorista do partido, e Elza Monnerat, integrante do comitê central que tinha passado pelo Araguaia e era a responsável pelas medidas de segurança adotadas naquele encontro. Novais escapou da prisão por ter saído junto com o delator. Ao perceberem que o carro estava sendo seguido, ele e Jover desceram e cada um fugiu por um caminho diferente. Elza e Joaquim foram presos logo em seguida.

Na rua Pio XI, o imóvel foi estourado. Lá estavam Ângelo Arroyo, 48 anos, único sobrevivente da comissão militar do Araguaia, Pedro Pomar, 63 anos, ex-deputado federal e veterano militante, e Maria Trindade, encarregada das tarefas domésticas e a única a sobreviver. Ao ser detida, Maria disse a um militar: "Vocês mataram eles dormindo. Essa é que é a verdade. Eles não tinham armas e morreram sem nem saber por quê".[56]

João Batista Franco Drummond, um dos primeiros a ser detido na Lapa, foi outra vítima da operação, morto no DOI da rua Tutoia.

Os companheiros só tiveram notícias de Jover Telles quase três anos depois, quando um ex-militante o reconheceu no centro de Porto Alegre. Procurado pelo PCdoB, ele se recusou a encontrar os antigos colegas, mas enviou um relatório à direção — nunca divulgado — sobre seu desaparecimento. Foi expulso do partido em 1983, mas as razões eram de "ordem ideológica, o derrotismo e as opiniões retrógradas expressas" na carta engavetada.[57] Não houve menção à traição. Naquela década, o PCdoB expulsou militantes acusados de abrir informações sob tortura, mas não houve discussão sobre o justiçamento de Jover Telles.[58] Para o partido, àquela altura, não fazia mais sentido executar um traidor — que oficialmente nem tinha recebido dos companheiros esse rótulo — e o assunto foi deixado de lado.

Dez anos depois das execuções em São Paulo, o jornalista Pedro Estevam da Rocha Pomar (neto de Pedro Pomar e filho de Wladimir, outro dos detidos na operação contra o PCdoB) começou a trabalhar na reconstituição do crime para o livro *Massacre na Lapa*, publicado em 1987. Pedro localizou o apartamento onde Jover vivia no centro da capital gaúcha e se apresentou no local como Marcos Soares, nome que constava na sua identidade por causa da perseguição à família. Era um jornalista que pesquisava a história do partido, disse. Acabou sendo recebido.

Jover evitou tocar no episódio ocorrido na Lapa — tudo o que tinha para falar estava no relatório nunca divulgado. Avisou que tinha a consciência tranquila e negou envolvimento com a chacina.

Meses mais tarde, o jornalista tentou encontrar novamente o delator, mas o apartamento estava vazio. Só uma década mais tarde teria notícias dele: morador de Arroio dos Ratos, no interior gaúcho, Jover estava filiado ao PPB — partido de Paulo Maluf, que depois virou PP — e tinha tentado se eleger vereador do município, sem sucesso.

Pedro não se lembra o porquê de ter voltado ao imóvel, mas garante que nunca pensou em se vingar do homem que entregou o avô à morte.[59]

Nos últimos anos de vida, Jover se dedicou à literatura, uma antiga paixão. Em Santa Catarina, participou de um coletivo de poesia[60] e publicou contos e poemas, depois compilados num livro que bancou sozinho.

Em setembro de 2004, foi eleito para a cadeira número 11 da Academia Catarinense de Letras. Para os colegas de chá, Jover voltou a ser Manolo, apelido da infância. O ex-comunista adorava contar histórias de suas andanças por Cuba (gracejava por ter dançado com a esposa de Fidel Castro), Rússia (publicou artigos no jornal oficial *Pravda* e apertou a mão de Nikita Khruschóv), China (onde foi recepcionado por Mao Tsé-tung), de sua convivência com Luís Carlos Prestes e personalidades como o poeta chileno Pablo Neruda.[61] Os colegas da academia catarinense só descobriram o papel de Manolo no último massacre da ditadura após sua morte.[62]

192

Manoel Jover Telles morava na praia de Canasvieiras, em Santa Catarina, quando morreu em junho de 2007, vítima de um derrame cerebral. Estava a um mês de completar 87 anos. Foi enterrado em Florianópolis, sem a presença da filha, com quem estava rompido.[63]

Agradecimentos

Este livro só se tornou viável porque prevaleceu em todos os envolvidos — entrevistados, consultados, editores — o espírito do direito à memória e ao conhecimento, pilar dos regimes democráticos, mesmo os incompletos como o brasileiro. Publicar estas histórias — um tema evitado por tantos — num momento de ataque à democracia não deixa de ser um ato de resistência.

Em nome de Otavio Marques da Costa e Ricardo Teperman, agradeço a todos da Companhia das Letras pelo empenho, profissionalismo e coragem. Foi um privilégio trabalhar com tanta gente qualificada. Mauro Gaspar e Fábio Bonillo ajudaram a melhorar o texto, Baby Siqueira Abrão, Ana Maria Barbosa e Clara Diament o revisaram e Érico Melo fez uma criteriosa checagem. Agradeço o trabalho de Ariane Alves e Bruna de Alencar, que transcreveram algumas das entrevistas.

Aos entrevistados e consultados, minha gratidão pela enorme paciência e cooperação.

Todo trabalho de reconstrução histórica deve muito aos bravos funcionários dos arquivos públicos, essenciais na conservação e propagação da memória brasileira e que enfrentam toda sorte de adversidades em instituições sucateadas e asfixiadas financeiramente. Ao longo da pesquisa, fui ajudado por inúmeros servidores zelosos como Joyce Silva Campos, do Arquivo Público do Estado do Rio de Janeiro, instituição que funcionava no auge do verão carioca de 2018 sem ar-condicionado e num prédio que tinha os elevadores desativados por causa dos recorrentes cortes de energia. Em especial, agradeço a duas grandes figuras que conheci no Arquivo Nacional de Brasília: Pablo Endrigo Franco e Paulo Augusto Ramalho (in memoriam). Paulo foi um bom amigo, um servidor da coisa pública na essência da palavra, contribuindo com inúmeros jornalistas, pesquisadores e ex-militantes, além de instituições do Estado, na documentação da história recente do Brasil.

A origem deste trabalho está em uma reportagem que publiquei no caderno Ilustríssima da *Folha de S.Paulo* em junho de 2012. Agradeço a Paulo Werneck e a Alcino Leite Neto, que plantou a ideia do livro.

Fábio Victor, Cláudio Leal e Avener Prado são e foram importantes faróis, como Luiz Maklouf Carvalho, que compartilhou anotações de suas apurações jornalísticas dos anos 1990 que esbarraram no tema.

Muitos amigos, colegas jornalistas, professores, historiadores e livres-pensadores me ajudaram com dicas, sugestões de leituras, considerações e críticas. Agradeço aos cascateiros (Ricardo Viel, Ricardo Sangiovanni, Pablo Solano e Thiago Domenici), Lucas Figueiredo, Maria Cecília Alvarenga, Mário Magalhães, Rubens Valente, Leonencio Nossa, Juliana Dal Piva, Marina Amaral, Fabiano Maisonnave, Melchiades Filho, Inara Chayamiti, Mauricio Stycer, Fernando Morais, Fernando Tadeu Moraes, Camila Mattoso, James Green, Patrick Brock, Paulo Abrão, Carlos Cruz, Alan Araújo, Vasconcelos Quadros, Marcus Vinicius Borges, Ricardo Mendonça e Ricardo Balthazar.

Na Itália, minha gratidão a Alberto Propersi (in memoriam), Bruna Segatori, Alfa Ramazzotti e aos funcionários das bibliotecas públicas de Roma, onde parte do livro foi escrito.

Em Itabira, todo meu amor a Neide Macedo de Freitas (in memoriam), Cássia (uma mãe fora de série que guarda os livros da pesquisa e outros mais), Ana Beatriz e toda a grande família mineira.

Injustiçados estava em fase de finalização quando meu irmão Gabriel foi covardemente assassinado em Itabira. A ele, um homem bom e de coração puro, devo alguns dos meus momentos mais felizes. E por ele, agora, seguro a vela da justiça dos homens.

Por fim, tive a sorte e o privilégio de ter Flaminia Propersi como companheira de viagem nesta aventura. Ela conheceu os planos iniciais do livro dentro do metrô de Nova York em dezembro de 2012 e acompanhou tudo com doçura, muita paciência e bom humor. Sua força e seu amor também estão nestas páginas.

Vale ressaltar, seguindo a boa praxe das seções do gênero: nenhum dos citados anteriormente tem qualquer responsabilidade em eventuais falhas e erros, que devem ser creditados exclusivamente ao autor.

Itabira, julho de 2021

Notas

PREMISSA — A LUTA PELA MEMÓRIA [pp. 11-21]

1. Rubens Valente, "Documentos oficiais desmontam versão de Bolsonaro sobre desaparecido na ditadura", *Folha de S.Paulo*, 31 de julho de 2019.
2. Relatório final da Comissão Nacional da Verdade.
3. Daniel Aarão Reis, entrevista a Elio Gaspari, *O Globo*, 23 de setembro de 2001.
4. Elio Gaspari, *A ditadura envergonhada*, posições 8443-4.
5. Marcelo Ridenti explorou o assunto no livro *O fantasma da revolução brasileira*.
6. Entrevista de Anselmo ao *Roda Viva* em 17 de outubro de 2011.
7. Definição de Nilmário Miranda, em entrevista ao autor em junho de 2012. Quem citou a famosa frase foi o historiador e ex-guerrilheiro Daniel Aarão Reis, janeiro de 2017.

ATO 1. FIZERAM UM TRIBUNAL PARA JULGAR UMA CONDUTA [pp. 22-44]

1. Antônio Nogueira da Silva, outubro de 2015. Sua filha, Adriana Tanese Nogueira, reuniu as memórias familiares, cartas e documentos da época em *Acorda, amor*, livro que editou por conta própria.

199

2. Osni Branco, abril de 2017.

3. Luiz Maklouf Carvalho, *Mulheres que foram à luta armada*, p. 122.

4. Há uma série de documentos sobre Antônio Nogueira da Silva e seu julgamento no Arquivo Nacional em Brasília: AN, ACE 7427_69. Também em Aperj, no fundo Polícias Políticas do Rio de Janeiro, notação 34 493.

5. Osni Branco, abril de 2017.

6. Chizuo Osava, janeiro de 2017, e Antônio Nogueira da Silva, outubro de 2015.

7. O fazendeiro chama-se Cesar Bereta. Osni Branco, abril de 2017.

8. Chizuo Osava, janeiro de 2017, e Antônio Roberto Espinosa, março de 2016.

9. Antônio Nogueira da Silva, outubro de 2015, e Osni Branco, abril de 2017.

10. Antônio Nogueira da Silva, outubro de 2015.

11. José Raimundo da Costa (1939-71) foi assassinado em agosto de 1971, no Rio. É uma das vítimas do dedo-duro José Anselmo dos Santos. Ver Presidência da República, *Direito à memória e à verdade*, pp. 17-1.

12. Eduardo Collen Leite (1945-70) morreu numa unidade militar do litoral paulista em dezembro de 1970. Presidência da República, *Direito à memória e à verdade*, pp. 138-9.

13. Ismael Antônio de Souza, junho de 2017, e Elio Gaspari, *A ditadura escancarada*, p. 50.

14. Elio Gaspari, *A ditadura escancarada*, p. 49.

15. Jacob Gorender, *Combate nas trevas*, p. 144.

16. Estimativa baseada nas pesquisas de Marcelo Ridenti, Elio Gaspari, Arquidiocese de São Paulo e Comissão Nacional da Verdade: cnv.memoriasreveladas.gov.br.

17. Estimativa do IBGE.

18. Era Adilson Ferreira da Silva, o Ari da VAR-Palmares. Elio Gaspari, *A ditadura escancarada*, p. 403.

19. Ismael Antônio de Souza, abril e junho de 2017, e Pedro Lobo de Oliveira, abril de 2017. Jacob Gorender também narra em *Combate nas trevas* a transformação de Hermes em delator.

20. Ismael Antônio de Souza, abril e junho de 2017.

21. Pedro Lobo de Oliveira, abril de 2017.

22. Antônio Roberto Espinosa, março de 2016. Ele recolheu as armas no imóvel com o guerrilheiro Diógenes José de Carvalho.

23. Samuel Iavelberg, maio de 2016, e Antônio Nogueira da Silva, outubro de 2015.

24. Chizuo Osava, outubro de 2015, Osni Branco, abril de 2017, e Antônio Nogueira da Silva, outubro de 2015.

25. João Roberto Laque, *Pedro e os lobos*, p. 341.

26. Alberto Mendes Júnior era o nome do militar. João Roberto Laque, *Pedro e os lobos*, p. 341.

27. Jacob Gorender, *Combate nas trevas*, p. 238.

28. Elio Gaspari, *A ditadura escancarada*, pp. 202-3.

29. Chizuo Osava, outubro de 2015.

30. Elio Gaspari, "Uma vinheta de 68: o alemão pagou o pato", *Folha de S.Paulo*, 25 de junho de 2008.

31. Antônio Roberto Espinosa, março de 2016.

32. Amílcar Baiardi, março de 2016.

33. Adriana Tanese Nogueira, *Acorda, amor*, v. 2, p. 185.

34. Documento transcrito por Adriana Tanese, filha de Antônio, no livro de memórias que escreveu em homenagem a ele, *Acorda, amor*.

35. Samuel Iavelberg, maio de 2016.

36. Adriana Tanese Nogueira, *Acorda, amor*, v. 2, pp. 185-98.

37. Idem p. 198.

38. Ieda dos Reis, julho de 2017.

39. Procurado duas vezes para ser entrevistado, uma delas numa aula aberta que deu no vão livre do Masp em 2015, Dowbor negou-se a falar sobre o passado na luta armada. Disse que ainda sente muito aqueles anos — sua companheira à época foi assassinada pela repressão em 1973.

40. Trata-se de Antônio Roberto Espinosa e Chael Charles Schreier.

41. Elio Gaspari, *A ditadura escancarada*, p. 166.

42. "CNV identifica 17 centros de repressão clandestinos", *CartaCapital*, 7 de abril de 2014.

43. Lucas Ferraz, "Inédito na TV, filme relata tortura no Brasil", *Folha de S.Paulo*, 5 de agosto de 2012.

44. Elio Gaspari, *A ditadura envergonhada*, p. 241.

45. Daniel Aarão Reis, *A revolução faltou ao encontro*, p. 133.

46. Carta de Antônio Nogueira da Silva reunida no livro *Acorda, amor*, de sua filha.

47. Antônio Nogueira da Silva, outubro de 2015.

48. *Veja*, 15 de julho de 1970.

49. Ivan Seixas, agosto de 2013.

50. Lista compilada pela historiadora Alessandra Gasparotto na sua tese de mestrado, "O terror renegado".

51. Luiz Maklouf Carvalho, *Cobras criadas*, p. 513.

52. Documento do arquivo pessoal do jornalista Luiz Maklouf Carvalho; idem, *Cobras criadas*.

ATO 2. A SÍNDROME DE SEVERINO [pp. 45-66]

1. Renato Martinelli, *Um grito de coragem*, p. 94.
2. Renato Martinelli, maio de 2016.
3. Idem.
4. José Luiz del Roio, maio de 2015.
5. Jacob Gorender, *Combate nas trevas*, p. 194.
6. Carlos Eugênio Paz, *Viagem à luta armada*, p. 163.
7. Idem, p. 171.
8. O termo era usado por Joaquim José da Silva Xavier, o Tiradentes. Lucas Figueiredo, *O Tiradentes*, p. 251.
9. Percival de Souza, *Autópsia do medo*, p. 259.
10. Renato Martinelli, *Um grito de coragem*, p. 96.
11. Aloysio Nunes Ferreira, agosto de 2016.
12. Mário Magalhães, *Marighella*, posição 10252.
13. Idem, posição 10238.
14. Jacob Gorender, *Combate nas trevas*, p. 168.
15. Renato Martinelli, maio de 2016.
16. Mário Magalhães, *Marighella*, posição 10238.
17. Denise Rollemberg, *O apoio de Cuba à luta armada no Brasil*, p. 213.
18. Elio Gaspari, *A ditadura escancarada*, p. 392.
19. AN, ASP 10372_1982.
20. Jacob Gorender, *Combate nas trevas*, pp. 191-6.
21. Renato Martinelli, *Um grito de coragem*, p. 98.
22. Percival de Souza, *Autópsia do medo*, p. 261.
23. História presente em diversos livros do período, também narrada no relatório final da CNV. Disponível em: <cnv.memoriasreveladas.gov.br>. Acesso em 30 de maio de 2021.
24. Mário Magalhães, *Marighella*, posição 10289.
25. Amaury Ribeiro Jr., "Traição premiada no regime militar", *O Estado de Minas*, 18 de janeiro de 2009.
26. Arquivo do jornalista Elio Gaspari, disponível em: <www.arquivosda-ditadura.com.br>. Acesso em 30 de maio de 2021.
27. "Mais um brasileiro no comando mundial da Fiat", *Exame*, 14 de outubro de 2010.
28. José Luiz del Roio, maio de 2015 e março de 2018.
29. Idem.
30. Consideração feita por dezenas de ex-guerrilheiros da ALN. Essa visão pode ser lida nos depoimentos tomados por investigadores da CNV. Disponível em: <cnv.memoriasreveladas.gov.br>. Acesso em 30 de maio de 2021.

31. Maria Celina D'Araújo et al., *Os anos de chumbo*, p. 118.

32. Idem, p. 56.

33. Idem, pp. 39-40.

34. Idem, p. 40.

35. Idem.

36. Elio Gaspari, *A ditadura escancarada*, p. 355.

37. Aconteceu com Hermes Camargo Batista, o primeiro delator da VPR. Ismael Antônio de Souza, abril e junho de 2017, e Jacob Gorender, *Combate nas trevas*, p. 146.

38. Trata-se de Natael Custódio Barbosa.

39. Luiz Maklouf Carvalho, "A educação política e sentimental de Dilma Rousseff", *piauí*, abril de 2009.

40. José da Silva Tavares foi um caso: ele pregava a necessidade de se preparar para enfrentar a tortura. José Luiz del Roio, maio de 2015, e Moema Correia São Thiago, agosto de 2017.

41. João Roberto Laque, *Pedro e os lobos*, p. 338.

42. Bertha Maakaroun, "Documentos da ditadura descartam traição a militante mineiro durante o regime militar", *Estado de Minas*, 1º de novembro de 2015.

43. Ieda dos Reis, julho de 2017.

44. Leonel Rocha, "Os infiltrados da ditadura", *Época*, 25 de novembro de 2011.

45. Daniel Aarão Reis, maio de 2017, e Ieda dos Reis, julho de 2017.

46. Elio Gaspari, *A ditadura escancarada*, p. 401.

47. Nilmário Miranda e Carlos Tibúrcio, *Dos filhos deste solo*, p. 58.

48. Marcelo Ridenti, *O fantasma da revolução brasileira*, p. 251.

49. Aton Fon Filho, junho de 2017.

50. Marcelo Ridenti, *O fantasma da revolução brasileira*, p. 58.

51. Depoimento de Renato Martinelli à CNV em 6 de dezembro de 2013. Disponível em: <cnv.memoriasreveladas.gov.br>. Acesso em 30 de maio de 2021.

52. *Venceremos*, nº 1, abril-maio de 1971.

53. Carlos Eugênio Paz, maio de 2013.

54. Daniel Aarão Reis, *A revolução faltou ao encontro*, p. 132.

55. Seu nome era Washington Adalberto Mastrocinque Martins, o *Raul*. Carlos Eugênio Paz, maio de 2013.

56. Denise Rollemberg, *O apoio de Cuba à luta armada no Brasil*, pp. 42-6.

57. Carlos Eugênio Paz, *Viagem à luta armada*, p. 180.

58. Jacob Gorender, *Combate nas trevas*, p. 194.

59. Infográfico "A escalada da repressão", reportagem da *Folha de S.Paulo*

sobre os cinquenta anos do golpe de 1964. Disponível em: <http://folha.com/golpe64>. Acesso em 30 de maio de 2021.

60. José Luiz del Roio, *Zarattini, a paixão revolucionária*, pp. 286-7.

61. Depoimento concedido por Ricardo Apgaua em 2004 a um projeto de pesquisa da Universidade Federal de Ouro Preto sobre a Corrente Revolucionária de Minas Gerais. Disponível em: <sejarealistapecaoimpossivel.blogspot.com.br/2007/07/depoimento-de-ricardo-apgaua.html>. Acesso em 30 de maio de 2021.

62. Depoimento de Ana Corbisier à CNV em novembro de 2013. Disponível em: <cnv.memoriasreveladas.gov.br>. Acesso em 30 de maio de 2021.

63. Denise Rollemberg, *O apoio de Cuba à luta armada no Brasil*, pp. 55-6.

64. Renato Martinelli, maio de 2016.

65. Mário Magalhães, *Marighella*, p. 465.

66. Opinião unânime de ex-guerrilheiros que atuaram com Carlos Eugênio Paz.

67. José Luiz del Roio, maio de 2015.

68. Carlos Eugênio Paz, *Nas trilhas da ALN*, p. 93.

69. Entrevista de Carlos Eugênio Paz a Geneton Morais Neto em junho de 2012 para o programa *Dossiê GloboNews*. Disponível em: <http://g1.globo.com/platb/geneton/2012/07/02/a-incrivel-historia-do-guerrilheiro-que-recrutou-a-mae-para-a-luta-armada-participou-de-justicamento-e-deu-aula-de-musica-a-criancas-e-hora-de-jogar-luz-nos-poroes/>. Acesso em 30 de maio de 2021.

70. Luiz Maklouf Carvalho, *Mulheres que foram à luta armada*, pp. 265-6.

71. Carlos Eugênio Paz, *Viagem à luta armada*, p. 198.

72. Jacob Gorender, *Combate nas trevas*, p. 192.

73. Carlos Eugênio Paz, *Nas trilhas da ALN*, p. 195.

74. Reinaldo Azevedo, "Quando os esquerdistas mataram seus próprios companheiros". Blog do Reinaldo Azevedo, 13 jan. 2010. Disponível em: <https://veja.abril.com.br/blog/reinaldo/quando-os-esquerdistas-mataram-seus-proprios-companheiros/>. Acesso em 30 de maio de 2021.

75. Carlos Eugênio Paz, *Nas trilhas da ALN*, pp. 44 e 197.

76. Renato Martinelli, maio de 2016.

ATO 3. "A REVOLUÇÃO NÃO ADMITIRÁ RECUOS" [pp. 67-86]

1. Antonio Pedroso Júnior, *Márcio, o guerrilheiro*, p. 108.

2. Lídia Guerlenda, junho de 2012 e janeiro de 2014.

3. Mauricio Stycer, "Mário, o guerrilheiro", *CartaCapital*, 26 de março de 2003.

4. Jacob Gorender, citado na tese de Amir Eduardo Abud, "Março, 1971: História e discussão acerca do justiçamento de Márcio Leite de Toledo".

5. Antonio Pedroso Júnior, *Márcio, o guerrilheiro*, p. 126.

6. Idem, p. 155 ss.

7. Ricardo Apgaua, setembro de 2017.

8. O mensageiro foi Antônio Carlos Bicalho Lana.

9. Antônio Eufrásio de Toledo Filho, maio de 2012, e Antonio Pedroso Júnior, *Márcio, o guerrilheiro*, pp. 155 e ss.

10. Francisco José de Toledo, junho de 2012. Declaração reproduzida na reportagem "O lado 'dark' da resistência", *Folha de S.Paulo*, 17 de junho de 2012.

11. Antônio Eufrásio de Toledo Filho, maio de 2012.

12. Paulo de Tarso Venceslau, março de 2017 e Antonio Pedroso Júnior, *Márcio, o guerrilheiro*, p. 30.

13. Antônio Pedroso Júnior, *Márcio, o guerrilheiro*, p. 39.

14. Apesp, Márcio Leite de Toledo, prontuário nº 144603.

15. Mário Magalhães, *Marighella*, p. 379.

16. Apesp, Márcio Leite de Toledo, prontuário nº 144603.

17. *Folha de S.Paulo*, 3 de julho de 1968.

18. Renato Martinelli, *Um grito de coragem*, p. 63.

19. AN, ACE 48480_72.

20. Apesp, Márcio Leite de Toledo, prontuário nº 144603.

21. Renato Martinelli, *Um grito de coragem*, p. 72.

22. Mauricio Stycer, "Mário, o guerrilheiro", *CartaCapital*, 26 de março de 2015.

23. José Luiz del Roio, maio de 2015.

24. Idem.

25. Carlos Eugênio Paz, maio de 2013.

26. Daniel Aarão Reis, *A revolução faltou ao encontro*, pp. 133-4.

27. Luiz Maklouf Carvalho, *Mulheres que foram à luta armada*, p. 246.

28. *O Estado de S. Paulo*, 23-24 de março de 1971.

29. Renato Martinelli, *Um grito de coragem*, p. 129 ss.

30. Marcelo Ridenti, *O fantasma da revolução brasileira*, p. 54.

31. AN, VAZ 037 0242.

32. *Diário Popular*, 24 de março de 1971.

33. Afonso Marcondes, agosto de 2016.

34. Arquivo Público do Estado de São Paulo, documento do Dops.

35. Antonio Pedroso Júnior, *Márcio, o guerrilheiro*, p. 131.

36. Renato Martinelli, *Um grito de coragem*, pp. 132-6.

37. Paulo Bezerra, "Um romance profecia", posfácio assinado pelo tradutor do autor russo para o português em Fiódor Dostoiévski, *Os demônios*, p. 696.

38. Jacob Gorender, *Combate nas trevas*, p. 244.

39. Renato Martinelli, maio de 2016.

40. Presidência da República, *Direito à memória e à verdade*, p. 191.

41. Lídia Guerlenda, junho de 2012 e janeiro de 2014.

42. Depoimento de Ricardo Apgaua em janeiro de 2003 ao Laboratório de Pesquisa, Ensino e Extensão em História do Instituto de Ciências Humanas e Sociais da Ufop. Disponível em: <sejarealistapecaoimpossivel.blogspot.com. br/2007/07/depoimento-de-ricardo-apgaua.html>. Acesso em 30 de maio de 2021.

43. Depoimento de José Carlos Giannini ao Dops em julho de 1972. A transcrição se encontra no Arquivo Nacional, em Brasília.

44. AN, ACE 58248_73.

45. AN, ZD_001_004

46. Documentário *Cidadão Boilesen* (2019), de Chaim Litewski.

47. Elio Gaspari, *A ditadura escancarada*, p. 404.

48. Era Heleny Ferreira Telles Guariba.

49. Também morreram no atentado Manuel José Nunes Mendes de Abreu e Eduardo Antônio da Fonseca. Ver Presidência da República, *Direito à memória e à verdade*.

50. Trata-se de Marcos Nonato da Fonseca.

51. Arquivo do jornalista Elio Gaspari. Disponível em: <www.arquivosdaditadura.com.br>. Acesso em 30 de maio de 2021.

52. AN, AC_ACE_54613_73.

53. *G*1, 2 de julho de 2012, blog de Geneton Moraes Neto. Entrevista de Carlos Eugênio Paz ao jornalista.

54. Carlos Eugênio Paz, *Nas trilhas da ALN*, p. 18.

55. Carlos Eugênio Paz, maio de 2013.

56. *G*1, 2 de julho de 2012, blog de Geneton Moraes Neto.

57. Declaração reunida no relatório final da Comissão Municipal da Verdade Vladimir Herzog, da Câmara de Vereadores de São Paulo, que funcionou entre 2013 e 2014.

58. Depoimento de Fernando Casadei Salles à CNV em dezembro de 2013. Disponível em: <cnv.memoriasreveladas.gov.br>. Acesso em 30 de maio de 2021.

59. Takao Amano, abril de 2017.

60. Renato Martinelli, maio de 2016.

61. Bernardo Kucinski, *K: Relato de uma busca*, pp. 176-80.

ATO 4. COMBATE, SANGUE E MORTE [pp. 87-103]

1. R. S. Rose e Gordon D. Scott, *Johnny: A vida do espião que delatou a rebelião comunista de 1935*, p. 124.

2. Idem, p. 258.

3. Idem, p. 270.

4. Idem, pp. 278-80.

5. Fernando Morais, *Olga*, p. 118.

6. R. S. Rose e Gordon D. Scott, *Johnny*, p. 167.

7. William Waack, *Camaradas*, p. 292.

8. Carta de Prestes ao Secretariado Nacional do PCB (5 de fevereiro de 1936), citado em Marly de Almeida Gomes Vianna, *Revolucionários de 1935*, p. 390.

9. Sérgio Rodrigues, *Elza, a garota*, p. 198. Vale ressaltar que o livro é ficcional em algumas partes, mas se baseia em fatos reais, caso dessa passagem sobre Prestes.

10. Osvaldo Peralva, *O retrato*, pp. 298-9.

11. Anita Prestes falou a respeito na biografia que escreveu sobre o pai, *Luiz Carlos Prestes*.

12. Verbete de Antônio Maciel Bonfim no CPDOC da Fundação Getúlio Vargas. Disponível em: <http://www.fgv.br/cpdoc/acervo/dicionarios/verbete-biografico/bonfim-antonio-maciel>. Acesso em 30 de maio de 2021.

13. Leonencio Nossa, *O poder está no ar*, posições 1314-31.

14. William Waack, *Camaradas*, p. 297.

15. R. S. Rose e Gordon D. Scott, *Johnny*, p. 470.

16. Jon Lee Anderson, *Guerrillas*, p. 164.

17. Rubens Valente, "Justiça reconhece 1ª vítima da ditadura, um militar morto 4 dias depois do golpe", *Folha de S.Paulo*, 27de março de 2019, e "Morte de coronel em Canoas durante a ditadura é reconhecida como crime político e ideológico", *G1*, 13 de janeiro de 2018.

18. Elio Gaspari, *A ditadura acabada*, posições 519-31.

19. Bernardo Mello Franco, "Militar diz que coronel matou jornalista em 82", *Folha de S.Paulo*, 26 de março de 2014.

20. Daniel Aarão Reis, maio de 2017.

21. A história das traições entre os bolcheviques antes da Revolução e seu impacto na vida de Stálin e em seu governo está narrada no livro *O jovem Stálin*, de Simon Sebag Montefiore. Para a Revolução Russa, ver outro livro do autor, *Stálin: A corte do czar vermelho*.

22. A frase de Malinóvski consta no trabalho do historiador John Simkin. Disponível em: <http://spartacus-educational.com/RUSmalinovsky.htm>. Acesso em maio de 2021.

23. Jon Lee Anderson, *Che Guevara*, p. 463.

24. Idem , p. 340.

25. Idem, pp. 288-9.

26. Richard Gillespie, *Soldados de Perón*, p. 319.

27. Daniel Aarão Reis, *A revolução faltou ao encontro*, p. 133.

28. Mário Magalhães, *Marighella*, posição 8957.

29. Carlos Marighella, *Minimanual do guerrilheiro urbano*.

30. Lídia Guerlenda, janeiro de 2014.

31. Frase ouvida por Trótski em 1917 e citada por Simon Sebag Montefiore em *O jovem Stálin*.

32. Estimativa dos autores Marcelo Ridenti e Elio Gaspari.

33. AN, documento ACE_32858_1971.

34. Trata-se de Manoel Henrique Ferreira, que integrou a VPR e o MR-8.

35. AN, documento ACE_32858_1971. "Coação, a palavra de ordem", *Jornal do Brasil*, 14 de julho de 1971, e "Terrorista narra o sequestro do embaixador Von Holleben", *Folha de S.Paulo*, 14 de julho de 1971.

ATO 5. NINGUÉM SE LIVRA DA TRAIÇÃO [pp. 104-21]

1. Relatório final da CNV. Disponível em: <cnv.memoriasreveladas.gov.br>. Acesso em 30 de maio de 2021.

2. Paulo Gomes Neto, maio de 2013.

3. AN, documento AC ACE 42739_72, e dados de Carlos Alberto Maciel Cardoso disponíveis no *Orvil*, livro produzido por oficiais do Exército sobre a luta armada.

4. Elio Gaspari, *A ditadura envergonhada*, p. 182.

5. Maria de Jesus Cardoso, dezembro de 2017.

6. Idem.

7. Carlos enviou ao pai em 1968 uma foto da apresentação. Arquivo da família.

8. Paulo Gomes Neto, maio de 2013.

9. Hélio Fernandes, "Recado-apelo ao presidente Médici", *Tribuna da Imprensa*, 10 de dezembro de 1969.

10. Paulo Gomes Neto, maio de 2013.

11. AN, documento ACE 48 822_72.

12. Aperj, Fundo Polícias Políticas, Flávio Augusto Neves Leão de Salles, Prontuário GB, notação 48 671.

13. Idem.

14. Flávio Augusto Neves Leão Salles, janeiro de 2018.

15. Egydio Salles Filho, dezembro de 2017.

16. Mário Magalhães, *Marighella*, p. 485.

17. Depoimento de Flávio Leão Salles à Universidade Federal do Pará em 2014.

18. Egydio Salles, dezembro de 2017.

19. Entrevista de Flávio Leão Salles ao jornal *O Estado do Pará* em 9 de março de 1980 e AN, documento ACE 739_80.

20. Idem.

21. Lídia Guerlenda, janeiro de 2014.

22. Maria Cláudia Badan Ribeiro, *Mulheres na luta armada*, posição 3929.

23. Egydio Salles Filho, dezembro de 2017.

24. Avelino Capitani, *A rebelião dos marinheiros*, citado em AN, documento ATO_0021_0009.

25. Paulo Gomes Neto, maio de 2013.

26. AN, documento ATO_0021_0008.

27. Aperj, Fundo Polícias Políticas, Carlos Alberto Maciel Cardoso, notação 94, folhas 377/383.

28. Todo o relato da morte: "Bando subversivo executou companheiro arrependido com 21 tiros em Encantado", *Jornal do Brasil*, de 30 de novembro de 1971; documentos da Aperj, no Fundo Polícias Políticas, sobre Carlos Alberto Maciel Cardoso; e AN, documento ACE 40853_71.

29. Paulo Sérgio Fonseca Cardoso, dezembro de 2017.

30. Idem.

31. AN, ACE 42739_72.

32. Paulo Sérgio Fonseca Cardoso, dezembro de 2017.

33. AN, documento ATO_0021_0008

34. Nilmário Miranda, outubro de 2017.

35. AN, documento ATO_0021_0009.

36. Presidência da República, *Direito à memória e à verdade*.

37. Lídia Guerlenda, janeiro de 2014.

38. Idem.

39. Flávio Augusto Neves Leão de Salles, janeiro de 2018.

40. Entrevista de Flávio Leão Salles ao jornal *O Estado do Pará* em 9 de março de 1980 e AN, documento ACE 739_80.

41. Depoimento de Flávio Leão Salles à Universidade Federal do Pará em 2014. Disponível em <http://www.multimidia.ufpa.br/jspui/handle/321654/1310#>. Acesso em 30 de maio de 2021.

ATO 6. GUERRILHA MATA O DELEGADO DA TFP [pp. 122-34]

1. AN, AC_ACE_56200_86_001 e Aperj, *Polícias Políticas*, Octávio Gonçalves Moreira Júnior, declarações, notação 11, folha 518, e notação 92, folhas 21 e 22.

2. Aperj, *Polícias Políticas*, Octávio Gonçalves Moreira Júnior, declarações, notação 11, folha 518.

3. *Jornal da Tarde*, 27 de fevereiro de 1973.

4. Jacob Gorender, *Combate nas trevas*, p. 237.

5. Elio Gaspari, *A ditadura escancarada*, p. 62.

6. Arquivo da Faculdade de Direito do Largo de São Francisco, Universidade de São Paulo.

7. Percival de Souza, *Autópsia do medo*, p. 380.

8. Idem, p. 387.

9. Luiz Maklouf Carvalho, *Mulheres que foram à luta armada*, p. 222.

10. Ficha pessoal de Hiroaki Torigoe. Disponível em: < http://memoriasdaditadura.org.br/memorial/hiroaki-torigoe/>. Acesso em 30 de maio de 2021.

11. Joseíta Ustra, setembro de 2013.

12. Idem.

13. AN, documento VAZ 1070025.

14. AN, documento ACE 54613_73.

15. Elio Gaspari, *A ditadura escancarada*, p. 405.

16. Especial "Tudo sobre a ditadura militar", *Folha de S.Paulo*, 23 de março de 2014.

17. Joseíta Ustra, setembro de 2013.

18. Para os detalhes do velório e enterro do policial, incluindo a presença de autoridades como Laudo Natel, ver "Delegado é morto por vingança", *O Estado de S. Paulo*, de 27 de fevereiro de 1973.

19. Percival de Souza, *Autópsia do medo*, p. 170.

20. Oficial superior do Exército que atuou no DOI do Rio de Janeiro. Ele concedeu entrevista sob a condição de que seu nome não fosse revelado.

21. Percival de Souza, *Autópsia do medo*, p. 170.

22. Oficial superior do Exército que atuou no DOI do Rio de Janeiro. Ele concedeu entrevista sob a condição de que seu nome não fosse revelado; lista reproduzida no *Orvil*, livro elaborado por oficiais do Exército sobre a luta armada.

23. Daniel Aarão Reis, janeiro de 2017.

24. Jacob Gorender, *Combate nas trevas*, p. 238.

25. Juliana Castro, "Chacina de Quintino, uma história reescrita 41 anos depois", *O Globo*, 26 de outubro de 2013.

26. Trata-se da CEMDP (Comissão Especial sobre Mortos e Desaparecidos Políticos), criada pelo governo Fernando Henrique Cardoso (1995-2002).

210

27. Presidência da República, *Direito à memória e à verdade*, p. 339.

28. Idem, p. 367.

29. Depoimento do ex-agente Marival Chaves à Comissão Nacional da Verdade e ao Ministério Público Federal.

30. Denúncia do Ministério Público Federal oferecida em janeiro de 2018 contra Cláudio Antônio Guerra e João Henrique Ferreira de Carvalho. Disponível em: <www.mpf.mp.br/sp/sala-de-imprensa/docs/denuncia-ronaldo_2018.pdf>. Acesso em 30 de maio de 2021.

31. AN, SNIG A0508226-72, e Jacob Gorender, *Combate nas trevas*, p. 245.

32. AN, SNIG A0508226-72.

33. Idem.

ATO 7. OLHO POR OLHO, DENTE POR DENTE [pp. 143-59]

1. Consuelo de Alvarenga, maio de 2013, e Cláudio Heitor Moreira de Alvarenga, junho de 2012.

2. Cláudio Heitor de Alvarenga. Ele narra o episódio em carta que enviou a Leônidas Pires Gonçalves, então ministro do Exército, em setembro de 1987. AA.

3. Depoimento de Francisco ao DOI em abril de 1973. AA.

4. AN, ACE_48793_72.

5. AN, ACE_42451_72.

6. Depoimento de Francisco ao DOI em abril de 1973. AA.

7. Paulo Gomes Neto, maio de 2013.

8. Idem.

9. Revista da Aman, 1954. Arquivo do autor.

10. Carta de Cláudio Heitor Moreira de Alvarenga enviada a Miguel Arraes na década de 1980. Arquivo do autor.

11. Cláudio Heitor Moreira de Alvarenga, maio de 2012 e fevereiro de 2017.

12. Carta de Cláudio Heitor Moreira de Alvarenga enviada a Miguel Arraes na década de 1980. Arquivo do autor.

13. Boletim reservado do Exército nº 8, 31 de agosto de 1965.

14. Mário Magalhães, *Marighella*, p. 537.

15. Maria do Amparo Almeida Araújo, março de 2017.

16. Luiz Makflouf Carvalho, *Mulheres que foram à luta armada*, p. 398.

17. Depoimento de Cláudio Augusto Nascimento. Disponível em: <http://claudioautogestao.com.br/wp-content/uploads/2014/04/memórias_de_Cláudio_2014-revisãoLo-out.pdf>. Acesso em 30 de maio de 2021.

18. Ofício do I Exército de 28 de maio de 1973, arquivo do *Brasil: Nunca mais*.

19. Consuelo de Alvarenga, maio de 2013.

20. Cláudio Augusto Nascimento, depoimento em seu site pessoal. Disponível em: <http://claudioautogestao.com.br/wp-content/uploads/2014/04/memórias_de_Cláudio_2014-revisãoLo-out.pdf>. Acesso em 30 de maio de 2021.

21. Aperj, *Polícias Políticas*, Francisco Jacques de Alvarenga, Administração, notação 93, folha 237.

22. Luiz Maklouf Carvalho, *Mulheres que foram à luta armada*, p. 405.

23. Para os detalhes do crime, ver edições dos dias 29-30 de junho de 1973 de *O Globo* e *Jornal do Brasil*; Cláudio Heitor Moreira de Alvarenga, junho de 2012.

24. AN, AC_ACE_82170_75.

25. Jacob Gorender, *Combate nas trevas*, p. 245.

26. Maria do Amparo Almeida Araújo, maio de 2017.

27. Luiz Maklouf Carvalho, *Mulheres que foram à luta armada*, p. 405.

28. Também foram executados Arnaldo Cardoso Rocha e Francisco Emanuel Penteado. Presidência da República, *Direito à memória e à verdade*, p. 335.

29. Maria do Amparo Almeida Araújo, maio de 2017.

30. Trata-se de Paulo de Tarso Celestino da Silva.

31. Maria do Amparo Almeida Araújo, maio de 2017.

32. Presidência da República, *Direito à memória e à verdade*, pp. 346-7.

33. Maria do Amparo Almeida Araújo, maio de 2017.

34. Presidência da República, *Direito à memória e à verdade*, p. 382.

35. Consuelo de Alvarenga, maio de 2013.

36. Cláudio Heitor Moreira de Alvarenga, junho de 2012, e Consuelo de Alvarenga, maio de 2013.

37. Cláudio Heitor Moreira de Alvarenga, junho de 2012 e fevereiro de 2017.

38. Maria do Amparo Almeida Araújo, junho de 2012.

ATO 8. O TRAÍDO É EXECUTADO POR TRAIÇÃO [pp. 160-75]

1. Presidência da República, *Direito à memória e à verdade*, pp. 320-2.

2. AN, documento ACE 64587_74.

3. Romildo Maranhão do Valle, outubro de 2017.

4. Juliano Siqueira, outubro de 2017. Jacob Gorender, no livro *Combate nas trevas*, aponta três executores de Salatiel. Documentos da repressão e muitos ex-militantes do PCBR mencionam quatro executores, número utilizado pelo autor.

5. Telegrama da embaixada brasileira em Havana que relata encontro de Luís Carlos Prestes com autoridades cubanas em 1963. Ele afirmou na ocasião

que seria criminoso optar por uma luta armada no Brasil nos moldes da cubana. Arquivo de Elio Gaspari. Disponível em: <www.arquivosdaditadura.com.br>. Acesso em 30 de maio de 2021.

6. Márcio Lemos de Souza, "O Partido Comunista Brasileiro Revolucionário e suas lideranças Apolônio de Carvalho e Mário Alves", dissertação de mestrado, Universidade Salgado de Oliveira, Niterói, 2009.

7. Marcelo Mário de Melo, maio de 2017.

8. Nilmário Miranda e Carlos Tibúrcio contam a história do grupo em *Dos filhos deste solo*, além de identificar todos os militantes assassinados.

9. Janio de Freitas, março de 2013, e Márcio Thomaz Bastos, outubro de 2013.

10. Aperj, *Polícias Políticas do Rio de Janeiro*, Salatiel Teixeira Rolim, prontuário GB, notação 42821.

11. Juliano Siqueira, outubro de 2017.

12. *Brasil: Nunca mais*, v. 2, *Os atingidos*.

13. Marcelo Mário de Melo, maio de 2017.

14. AN, documento BSB_ATO_0_0_0090_0007.

15. Alberto Vinícius, maio de 2017.

16. Depoimento de Aytan Sipahi e Helenita Matos Sipahi à CNV, dezembro de 2013. Disponível em: <cnv.memoriasreveladas.gov.br>. Acesso em 30 de maio de 2021.

17. Idem.

18. Tese de mestrado que cita Heller: Renato da Silva Della Vechia, "Origem e evolução do Partido Comunista Brasileiro Revolucionário (1967-1973)", Universidade Federal do Rio Grande do Sul, 2005.

19. Elio Gaspari, *A ditadura escancarada*, p. 51.

20. AN, documento BSB_VAZ 0630064, e Renato da Silva Della Vechia, "Origem e evolução do Partido Comunista Brasileiro Revolucionário (1967--1973)", Universidade Federal do Rio Grande do Sul, 2005.

21. Renato da Silva Della Vechia, "Origem e evolução do Partido Comunista Brasileiro Revolucionário (1967-1973)".

22. Coluna de Ancelmo Góis, *O Globo*, 4 de agosto de 2014.

23. AN, documento ACE 3409_80.

24. Renato da Silva Della Vechia, "Origem e evolução do Partido Comunista Brasileiro Revolucionário (1967-1973)".

25. Idem.

26. Documento PCBR, disponível no acervo do Projeto República, da UFMG.

27. Leonel Rocha, "Os infiltrados da ditadura", *Época*, 3 de dezembro de 2011.

28. Renato da Silva Della Vechia, "Origem e evolução do Partido Comunista Brasileiro Revolucionário (1967-1973)".

29. Jacob Gorender, *Combate nas trevas*, p. 180.

30. Idem, p. 179.

31. Marcelo Ridenti, *O fantasma da revolução brasileira*, p. 251.

32. Juliano Siqueira, outubro de 2017.

33. Idem.

34. Renato da Silva Della Vechia, "Origem e evolução do Partido Comunista Brasileiro Revolucionário (1967-1973)".

35. Mário Magalhães, *Marighella*, p. 546.

36. Renato da Silva Della Vechia, "Origem e evolução do Partido Comunista Brasileiro Revolucionário (1967-1973)".

37. João Roberto Laque, *Pedro e os lobos*, p. 319.

38. AN, documento ACE_31682_70.

39. Aytan Sipahi, outubro de 2017.

40. O detento era Romeu Bertol. Juliano Siqueira, outubro 2017.

41. Jacob Gorender, *Combate nas trevas*, p. 180.

42. Aytan Sipahi, outubro de 2017. Ele e a esposa foram dois dos muitos detidos.

43. Idem.

44. Juliano Siqueira, outubro de 2017.

45. Jacob Gorender, *Combate nas trevas*, p. 180.

46. O ex-guerrilheiro Álvaro Caldas conviveu com Salatiel na prisão. No livro de memórias, *Tirando o capuz*, ele conta sua experiência na luta armada no PCBR.

47. Jeferson Barbosa, maio de 2012.

48. AN, documento DI ACE 44987_72.

49. AN, documento BSB_VAZ 063 0064.

50. Juliano Siqueira, outubro de 2017, Theodomiro Romeiro dos Santos, abril de 2017, Paulo Pontes, outubro de 2017, e Aytan Sipahi, outubro de 2017.

51. Álvaro Caldas, *Tirando o capuz*, pp. 94-6.

52. Jacob Gorender, *Combate nas trevas*, p. 246.

53. Oficial superior do Exército que atuou no DOI do Rio de Janeiro. Ele concedeu entrevista sob a condição de que seu nome não fosse revelado. Informação também é reproduzida no *Orvil*, livro elaborado pelo Exército na década de 1980 sobre a luta armada.

54. Relatório Final da Comissão Nacional da Verdade, v. 3. Disponível em: <cnv.memoriasreveladas.gov.br.>. Acesso em 30 de maio de 2021.

55. Nilmário Miranda e Carlos Tibúrcio, *Dos filhos deste solo*.

56. Presidência da República, *Direito à memória e à verdade*, pp. 358-9.

57. Compilação feita por Nilmário Miranda e Carlos Tibúrcio em *Dos filhos deste solo*.

58. Romildo Maranhão do Valle, novembro de 2017.

59. Não se sabe se Maria Tereza Ribeiro da Silva ainda está viva. Em 2011, o jornalista Leonel Rocha tentou localizá-la numa favela do Rio de Janeiro, endereço registrado num programa do governo federal do qual ela fazia parte, mas não a encontrou.

60. Documento PCBR, do Projeto República, da UFMG.

61. Idem.

ATO 9. OS CÃES LADRAM NA CARAVANA FINAL [pp. 176-93]

1. Antonio Carlos Scartezini, *Segredos de Médici*, p. 36.

2. AN, ACE 61689_73.

3. Anselmo foi registrado somente pela mãe: AA.

4. Elio Gaspari, *A ditadura escancarada*, p. 353.

5. Rubim Santos Leão de Aquino, *Um tempo para não esquecer*, p. 231.

6. Presidência da República, *Direito à memória e à verdade*, pp. 170-1.

7. Chizuo Osava, janeiro de 2017.

8. Entrevista de Ângelo Pezzuti a *O Pasquim* em 25 de abril de 1984.

9. Estelita Hass Carazzai, "Relato de um massacre", *Folha de S.Paulo*, 19 de janeiro de 2015.

10. Chizuo Osava, janeiro de 2017.

11. José Anselmo dos Santos, *Minha verdade*, posições 2450-7.

12. Elio Gaspari, *A ditadura escancarada*, p. 408.

13. Leonencio Nossa, "Ex-mateiro desvenda morte de Rosalindo", *O Estado de S. Paulo*, 21 de setembro de 2014.

14. Idem.

15. Leonencio Nossa, *Mata!*, p. 145.

16. Diva Santana, julho de 2017.

17. José Genoino, novembro de 2017.

18. Elio Gaspari, *A ditadura escancarada*, p. 469.

19. Trecho do relatório sobre a guerrilha escrito por Ângelo Arroyo em 1974.

20. Leonencio Nossa, *Mata!*, p. 388.

21. Leonencio Nossa, "Ex-mateiro desvenda morte de Rosalindo", *O Estado de S. Paulo*, 21 de setembro de 2014.

22. Eumano Silva e Taís Morais, *Operação Araguaia*, p. 581.

23. Elio Gaspari, *A ditadura acabada*, p. 366.

24. Conversa de Geisel com um futuro ministro de seu governo em 1974, revelada três décadas depois pelo jornalista Elio Gaspari.

25. Marcelo Godoy, *A casa da vovó*, p. 423.

26. Nilmário Miranda e Carlos Tibúrcio, *Dos filhos deste solo*, p. 322.

27. Expressão de Elio Gaspari em *A ditadura derrotada*, p. 384.

28. Elio Gaspari, março de 2018. O jornalista encontrou José de Albuquerque Salles numa festa em 1973 ou 1974.

29. Seriam Hiram de Lima Pereira, Elson Costa, Jaime Amorim Miranda e Itair José Veloso, todos entre janeiro e fevereiro de 1975. Ver Marcelo Godoy, *A casa da vovó*.

30. A gravação foi feita pelo jornalista Marcelo Godoy e ouvida por ex-integrantes do PCB como José Salles. José Salles, outubro de 2017.

31. Roberto Freire, outubro de 2017.

32. Marcelo Godoy, *A casa da vovó*, p. 38.

33. Idem.

34. Elio Gaspari, *A ditadura escancarada*, p. 355.

35. Marcelo Godoy, *A casa da vovó*, p. 268.

36. Os militantes assassinados foram Arnaldo Cardoso Rocha, Francisco Emanuel Penteado e Francisco Seiko Okama. Denúncia do MPF disponível em: <http://www.mpf.mp.br/sp/sala-de-imprensa/docs/denuncia-jota>. Acesso em 30 de maio de 2021.

37. *Veja*, 18 de novembro de 1992, p. 27.

38. Depoimento de Jurandir Duarte ao MPF em 7 de fevereiro de 2013.

39. Idem.

40. Jurandir Duarte, setembro de 2014.

41. Leandro Loyola, "O filho do caçador", *Época*, 20 de fevereiro de 2009.

42. Afonso Marcondes, junho de 2013.

43. Inquérito 17/86 da 2ª Auditoria da 2ª Circunscrição Judiciária Militar, do arquivo do jornalista Luiz Maklouf Carvalho.

44. Oficial superior do Exército que atuou no DOI do Rio de Janeiro. Ele concedeu entrevista sob a condição de que seu nome não fosse revelado.

45. Manoel Jover Telles, *O movimento sindical no Brasil*, prefácio.

46. Pedro Estevam da Rocha Pomar, *Massacre na Lapa*, p. 81.

47. O militante é Nelson Levy, citado em Pedro Estevam da Rocha Pomar, *Massacre na Lapa*, p. 89.

48. Wladimir Pomar, julho de 2017.

49. Oficial superior do Exército que atuou no DOI do Rio de Janeiro. Ele concedeu entrevista sob a condição de que seu nome não fosse revelado.

50. Entrevista de Leônidas Pires Gonçalves ao jornalista Geneton Moraes Neto em 2010.

51. Paulo Malhães, atuante no CIE, fala do valor em entrevista a *O Globo* em 23 de junho de 2012.

52. Éder da Silva Silveira, "Além da traição: Manoel Jover Telles e o comunismo no Brasil no século XX", tese de doutorado, Unisinos, 2013.

53. Elio Gaspari, *A ditadura escancarada*, p. 471.

54. Elio Gaspari, *A ditadura encurralada*, p. 373.

55. Pedro Estevam da Rocha Pomar, *Massacre na Lapa*, documento reproduzido no anexo fotográfico.

56. Nilmário Miranda e Carlos Tibúrcio, *Dos filhos deste solo*, p. 206.

57. Pedro Estevam da Rocha Pomar, *Massacre na Lapa*, p. 78.

58. Wladimir Pomar, julho de 2017.

59. Pedro Estevam da Rocha Pomar, janeiro de 2018.

60. O coletivo chamava-se Poetas Livres.

61. Entrevista de Manoel Jover Telles ao *Diário Catarinense* em 30 de agosto de 2006.

62. Ivan Alves Pereira e Wesley Collyer, abril de 2017.

63. Ivan Alves Pereira, abril de 2017.

Entrevistas e consultas

As entrevistas e consultas foram realizadas pelo autor entre 2012 e 2018.

Adriana Tanese Nogueira
Alberto Vinícius
Álvaro Caldas
Amílcar Baiardi
Anita Leocádia Prestes
Antônio Eufrásio de
    Toledo Filho
Antônio Nogueira da Silva
Antônio Roberto Espinosa
Antônio Soares de Lima Filho
Aton Fon Filho
Aytan Sipahi
Carlos Eugênio Paz
Carlos Otávio Estrela
Celso Lungaretti
Chizuo Osava

Cláudio Heitor Moreira
    de Alvarenga
Cláudio Nascimento
Consuelo de Alvarenga
Daniel Aarão Reis
Diva Santana
Egydio Salles Filho
Elio Gaspari
Euclydes da Silva Chignall
Flávio Augusto Neves
    Leão de Salles
Francisco José de Toledo
Ieda dos Reis
Ismael Antônio de Souza
Ivan Alves Pereira
Ivan Seixas

Janio de Freitas
Jeferson Barbosa
Jesus Maciel Cardoso
José Afonso Marcondes
José Anselmo dos Santos
José de Albuquerque Salles
José Genoino Guimarães Neto
José Luiz del Roio
Joseíta Ustra
Juliano Siqueira
Jurandir Godoy Duarte
Leonel Rocha
Leônidas Pires Gonçalves
Lídia Guerlenda
Lúcia Vieira Caldas
Manoel Antônio
    Mendes Rodrigues
Marcelo Godoy
Marcelo Mário de Melo
Márcio Thomaz Bastos
Marco Antônio Lage
Maria de Jesus Cardoso

Maria do Amparo
    Almeida Araújo
Maria Madalena Prata Soares
Moema Correia São Thiago
Nilmário Miranda
Osni Branco
Paulo de Tarso Venceslau
Paulo Gomes Neto
Paulo Pontes
Paulo Sérgio Fonseca Cardoso
Pedro Estevam da Rocha Pomar
Pedro Lobo de Oliveira
Reinaldo Morano Filho
Renato Martinelli
Ricardo Apgaua
Roberto Freire
Romildo Maranhão do Valle
Samuel Iavelberg
Sérgio Tibiriçá
Takao Amano
Theodomiro Romeiro
    dos Santos
Wesley Collyer
Wladimir Pomar

Bibliografia

AGÜERO, José Carlos. *Los rendidos: Sobre el don de perdonar.* Lima: IEP, 2015.

ANDERSON, Jon Lee. *Che Guevara: Uma biografia.* Rio de Janeiro: Objetiva, 1997.

_____. *Guerrillas: Journeys in the Insurgent World.* Londres: Abacus, 2006.

AQUINO, Rubim Santos Leão de. *Um tempo para não esquecer (1964-1985).* 2. ed. Rio de Janeiro: Consequência, 2012.

BETTO, Frei. *Batismo de sangue: Guerrilha e morte de Carlos Marighella.* Rio de Janeiro: Rocco, 2006.

BRASIL: Nunca mais. Pref. de d. Paulo Evaristo Arns. 8. ed. Petrópolis: Vozes, 1985.

CALDAS, Álvaro. *Tirando o capuz.* Rio de Janeiro: Codecri, 1981.

CALVEIRO, Pilar. *Poder y desaparición: Los campos de concentración en Argentina.* Buenos Aires: Colihue, 2008.

CAMPOS, Luiz Felipe. *O massacre da granja São Bento: A história de como um traidor e um torturador se aliaram em um dos crimes mais brutais da ditadura militar no Brasil.* Recife: Cepe, 2017.

CAMUS, Albert. *Os justos.* Lisboa: Livros do Brasil, s/d.

_____. *O homem revoltado.* Rio de Janeiro: BestBolso, 2017.

CAPITANI, Avelino Bioen. *A rebelião dos marinheiros.* Porto Alegre: Artes e Ofícios, 1997.

CARDOSO, Tom. *O cofre do Dr. Rui: Como a Var-Palmares de Dilma Rousseff realizou o maior assalto da luta armada brasileira.* Rio de Janeiro: Civilização Brasileira, 2011.

CARVALHO, Apolônio de. *Vale a pena sonhar*. Rio de Janeiro: Rocco, 1997.

CARVALHO, Luiz Maklouf. *Mulheres que foram à luta armada*. Rio de Janeiro: Globo, 1998.

_____. *Cobras criadas: David Nasser e O Cruzeiro*. São Paulo: Senac, 2001.

D'ARAÚJO, Maria Celina; SOARES, Glaucio Ary Dillon; CASTRO, Celso. *Os anos de chumbo: A memória militar sobre a repressão*. Rio de Janeiro: Relume Dumará, 1994.

DEL ROIO, José Luiz. *Zarattini: A paixão revolucionária*. São Paulo: Ícone, 2017.

DOSTOIÉVSKI, Fiódor. *Os demônios*. 5. ed. São Paulo: Editora 34, 2013.

FERREIRA, Jorge; GOMES, Angela de Castro. *1964: O golpe que derrubou um presidente, pôs fim ao regime democrático e instituiu a ditadura no Brasil*. Rio de Janeiro: Civilização Brasileira, 2014.

FIGUEIREDO, Lucas. *Tiradentes: Uma biografia de Joaquim José da Silva Xavier*. São Paulo: Companhia das Letras, 2018.

_____. *Olho por olho: Os livros secretos da ditadura*. Rio de Janeiro: Record, 2009.

FORTES, Luiz Roberto Salinas. *Retrato calado*. São Paulo: Cosac Naify, 2012.

GASPARI, Elio. *A ditadura envergonhada*. Rio de Janeiro: Intrínseca, 2014.

_____. *A ditadura escancarada*. Rio de Janeiro: Intrínseca, 2014.

_____. *A ditadura derrotada*. Rio de Janeiro: Intrínseca, 2014.

_____. *A ditadura encurralada*. Rio de Janeiro: Intrínseca, 2014.

_____. *A ditadura acabada*. Rio de Janeiro: Intrínseca, 2016.

GILLESPIE, Richard. *Soldados de Perón: Historia crítica sobre los montoneros*. Buenos Aires: Sudamericana, 2011.

GODOY, Marcelo. *A casa da vovó: Uma biografia do DOI-Codi (1969-1991), o centro de sequestro, tortura e morte da ditadura militar*. 2. ed. São Paulo: Alameda, 2014.

GORENDER, Jacob. *Combate nas trevas — A esquerda brasileira: Das ilusões perdidas à luta armada*. São Paulo: Ática, 1987.

GUERRA, Cláudio. *Memórias de uma guerra suja*. Rio de Janeiro: Topbooks, 2012.

HOBSBAWM, Eric. *Era dos extremos: o breve século XX (1914-1991)*. São Paulo: Companhia das Letras, 1995.

JUDT, Tony. *Pós-guerra: Uma história da Europa desde 1945*. Rio de Janeiro: Objetiva, 2008.

KARNAL, Leandro; MORAIS, Marcus Vinícius de; PURDY, Sean; FERNANDES, Luiz Estevam. *História dos EUA: Das origens ao século XXI*. São Paulo: Contexto, 2010.

KUCINSKI, Bernardo. *K: Relato de uma busca*. São Paulo: Cosac Naify, 2011.

LAQUE, João Roberto. *Pedro e os lobos: Os anos de chumbo na trajetória de um guerrilheiro urbano*. São Paulo: Ava, 2010.

LAQUEUR, Walter. *Guerrilla Warfare: A Historical and Critical Study*. Londres: Routledge, 1997.

LUNGARETTI, Celso. *Náufrago da utopia: Vencer ou morrer na guerrilha. Aos 18 anos*. São Paulo: Geração, 2005.

MAGALHÃES, Mário. *Marighella: O guerrilheiro que incendiou o mundo*. São Paulo: Companhia das Letras, 2012.

MARIGHELLA, Carlos. *Minimanual do guerrilheiro urbano*. 1969. Disponível em: <https://documentosrevelados.com.br/wp-content/uploads/2015/08/carlos-marighella-manual-do-guerrilheiro-urbano.pdf>. Acesso em: 30 de maio de 2021.

MARTINELLI, Renato. *Um grito de coragem: Memórias da luta armada*. 2. ed. São Paulo: COM-Arte, 2014.

MIRANDA, Nilmário; TIBÚRCIO, Carlos. *Dos filhos deste solo — Mortos e desaparecidos políticos durante a ditadura militar: A responsabilidade do Estado*. São Paulo: Boitempo, 2008.

MONTEFIORE, Simon Sebag. *O jovem Stálin*. São Paulo: Companhia das Letras, 2008.

_____. *Stálin: A corte do czar vermelho*. São Paulo: Companhia das Letras, 2006.

MORAIS, Fernando. *Olga*. São Paulo: Companhia das Letras, 2008. (Companhia de Bolso).

NETO, Lira. *Getúlio (1930-1945): Do governo provisório à ditadura do Estado Novo*. São Paulo: Companhia das Letras, 2013.

NOGUEIRA, Adriana Tanese. *Acorda, amor: Desaventuras de uma família e de seus país*. São Paulo: Biblioteca24horas, 2014.

NOSSA, Leonencio. *Mata!: O major Curió e as guerrilhas no Araguaia*. São Paulo: Companhia das Letras, 2012.

_____. *Roberto Marinho: O poder está no ar: Do nascimento ao* Jornal Nacional. Rio de Janeiro: Nova Fronteira, 2019.

ORVIL. Livro redigido por oficiais do Exército com base no arquivo das Forças Armadas. Íntegra disponível em: <https://www.averdadesufocada.com/images/orvil/orvil_completo.pdf.>. Acesso em: 30 de maio de 2021.

PAZ, Carlos Eugênio. *Nas trilhas da ALN*. Rio de Janeiro: Bertrand Brasil, 1997.

_____. *Viagem à luta armada*. Rio de Janeiro: BestBolso, 2008.

PEDROSO JÚNIOR, Antonio. *Márcio, o guerrilheiro: Vida e morte de um jovem preparado para vencer*. Rio de Janeiro: Publit, 2012.

PERALVA, Osvaldo. *O retrato*. São Paulo: Três Estrelas, 2015.

POMAR, Pedro Estevam da Rocha. *Massacre na Lapa: Como o Exército liquidou o Comitê Central do PCdoB, São Paulo, 1976*. São Paulo: Busca Vida, 1987.

PRESIDÊNCIA DA REPÚBLICA. Secretaria Especial dos Direitos Humanos. *Direito à memória e à verdade: Comissão especial sobre mortos e desaparecidos políticos.* Brasília, 2007.

PRESTES, Anita Leocádia. *Luiz Carlos Prestes: Um comunista brasileiro.* São Paulo: Boitempo, 2017.

REIS FILHO, Daniel Aarão. *A revolução faltou ao encontro: Os comunistas no Brasil.* São Paulo: Brasiliense, 1990.

_____. *As revoluções russas e o socialismo soviético.* São Paulo: Unesp, 2004.

_____. *Luís Carlos Prestes: Um revolucionário entre dois mundos.* São Paulo: Companhia das Letras, 2014.

REIS FILHO, Daniel Aarão; SÁ, Jair Ferreira de. *Imagens da revolução: Documentos políticos das organizações clandestinas de esquerda dos anos 1961 a 1971.* São Paulo: Marco Zero, 1985.

RIBEIRO, Maria Cláudia Badan. *Mulheres na luta armada: Protagonismo feminino na ALN (Ação Libertadora Nacional).* 1. ed. São Paulo: Alameda, 2020.

RIDENTI, Marcelo. *O fantasma da revolução brasileira.* 2. ed. São Paulo: Unesp, 2010.

RODRIGUES, Sérgio. *Elza, a garota: A história da jovem comunista que o Partido matou.* Rio de Janeiro: Nova Fronteira, 2009.

ROLLEMBERG, Denise. *O apoio de Cuba à luta armada no Brasil: O treinamento guerrilheiro.* Rio de Janeiro: Mauad, 2001.

ROSE, R. S.; SCOTT, Gordon D. *Johnny: A vida do espião que delatou a rebelião comunista de 1935.* Rio de Janeiro: Record, 2010.

SANTOS, José Anselmo dos. *Cabo Anselmo: Minha verdade.* São Paulo: Matrix, 2015.

SCARTEZINI, Antonio Carlos. *Segredos de Medici.* São Paulo: Marco Zero, 1985.

SILVA, Eumano; MORAIS, Taís. *Operação Araguaia: Os arquivos secretos da guerrilha.* São Paulo: Geração, 2005.

SIRKIS, Alfredo. *Os carbonários.* Rio de Janeiro: BestBolso, 2008.

SOUZA, Percival de. *Autópsia do medo: Vida e morte do delegado Sérgio Paranhos Fleury.* Rio de Janeiro: Globo, 2001.

_____. *Eu, Cabo Anselmo.* Rio de Janeiro: Globo, 1999.

TELLES, Manoel Jover. *O movimento sindical no Brasil.* Rio de Janeiro: Vitoria, 1962.

USTRA, Carlos Alberto Brilhante. *A verdade sufocada: A história que a esquerda não quer que o Brasil conheça.* 4. ed. Brasília: Ser, 2007.

_____. *Rompendo o silêncio: Oban DOI/Codi (29 set 70-23 jan 74).* 2. ed. Brasília: Editerra Editorial, 1987.

VIANNA, Marly de Almeida Gomes. *Revolucionários de 1935: Sonho e realidade.* São Paulo: Expressão Popular, 2007.

WAACK, William. *Camaradas.* São Paulo: Companhia das Letras, 1993.

ARQUIVOS

Arquivo Nacional (Brasília)
Arquivo Público do Estado de São Paulo (Apesp)
Arquivo Público do Estado do Rio de Janeiro (Aperj)
Arquivo da Faculdade de Direito do Largo de São Francisco, Universidade
de São Paulo
Projeto República, Universidade Federal de Minas Gerais

PERIÓDICOS

Ação
CartaCapital
Diário Catarinense
Diário Popular
Época
Exame
Folha de S.Paulo
IstoÉ
Jornal da Tarde
Jornal do Brasil
O Dia

O Estado de Minas
O Estado de S. Paulo
O Estado do Pará
O Globo
O Jornal
O Pasquim
piauí
Tribuna da Imprensa
Veja
Venceremos

TRABALHOS ACADÊMICOS

ABUD, Amir Eduardo. "Março, 1971: História e discussão acerca do justiçamento de Márcio Leite de Toledo". Universidade de São Paulo, 2008.

DELLA VECHIA, Renato da Silva. "Origem e evolução do Partido Comunista Brasileiro Revolucionário (1967-1973)". Universidade Federal do Rio Grande do Sul, 2005.

GASPAROTTO, Alessandra. "O terror renegado: Uma reflexão sobre os episódios de retratação pública protagonizados por integrantes de organizações de combate à ditadura civil-militar no Brasil (1970-1975)". Universidade Federal do Rio Grande do Sul, 2008.

SILVEIRA, Éder da Silva. "Além da traição: Manoel Jover Telles e o comunismo no Brasil do século xx". Unisinos, 2013.

SOUZA, Márcio Lemos de. "O Partido Comunista Brasileiro Revolucionário e suas lideranças Apolônio de Carvalho e Mário Alves". Universidade Salgado de Oliveira, 2009.

FILMES

Cidadão Boilesen (Brasil, 2009), de Chaim Litewski.

PROGRAMAS DE TV

Roda Viva (TV Cultura)

SITES

averdadesufocada.com
arquivosdaditadura.com.br
bnmdigital.mpf.mp.br
cnv.memoriasreveladas.gov.br
documentosrevelados.com.br
memoriasreveladas.gov.br
memorialanistia.org.br
ufmg.br/brasildoc

Lista de siglas

ALN — Ação Libertadora Nacional

Aman — Academia Militar das Agulhas Negras

AP — Ação Popular

CCC — Comando de Caça aos Comunistas

CEMDP — Comissão Especial sobre Mortos e Desaparecidos Políticos

Cenimar — Centro de Informações da Marinha

CIE — Centros de Inteligência do Exército

Cisa — Centro de Informações da Aeronáutica

CNV — Comissão Nacional da Verdade

Codi — Centros de Operações de Defesa Interna

Colina — Comando de Libertação Nacional

DOI — Destacamentos de Operações de Informações

Dops — Departamento de Ordem Política e Social

MNR — Movimento Nacionalista Revolucionário

Molipo — Movimento de Libertação Popular

MR-8 — Movimento Revolucionário 8 de Outubro

MR-26 — Movimento Revolucionário 26 de Março

MRT — Movimento Revolucionário Tiradentes

Oban — Operação Bandeirante

PCB — Partido Comunista Brasileiro

PCBR — Partido Comunista Brasileiro Revolucionário

PCdoB — Partido Comunista do Brasil

PPS — Partido Popular Socialista
RAN — Resistência Armada Nacional
SNI — Serviço Nacional de Informações
TFP — Tradição, Família e Propriedade
VAR-Palmares — Vanguarda Armada Revolucionária Palmares
VPR — Vanguarda Popular Revolucionária

Créditos das imagens

p. 1: Acervo da família Antônio Nogueira da Silva
p. 2: Inara Chayamiti/ Folhapress
p. 3 (acima): Arquivo Nacional, BR DFANBSB V8.GNC.AAA
p. 3 (abaixo): Arquivo Público do Estado de São Paulo
pp. 4 (acima), 7 e 8: Arquivo Público do Estado do Rio de Janeiro
p. 4 (abaixo): Acervo da família Francisco Jacques de Alvarenga
p. 5: Acervo pessoal Maria do Amparo
p. 6: Acervo pessoal/ Revista da Academia Militar das Agulhas Negras

Índice remissivo

Academia Militar das Agulhas Negras (Aman), 146, 150, 158, 211

Ação (jornal), 60

Ação Libertadora Nacional (ALN), 29, 34, 41, 45-51, 53-4, 59-73, 77, 80-5, 92, 100, 104-6, 108-13, 115-7, 119-20, 123, 126-7, 130-1, 143-5,149-54, 157, 161-2, 165, 167-8, 170-1, 186-7

Ação Popular (AP), 12, 40

agente Kimble *ver* Santos, José Anselmo dos

AI-5 *ver* Ato Institucional nº 5

Ali *ver* Salles, Flávio Augusto Neves Leão de

Allende, Salvador, 39, 172

Alvarenga, Cláudio Heitor Moreira de, 143, 146-8, 156, 158, 211-2

Alvarenga, Consuelo de, 146, 211

Alvarenga, Francisco Jacques de (Bento), 17, 20, 135, 143, 149-2, 156, 158, 212

Alves, Mário, 58, 116, 162, 169, 172, 174, 213

Aman *ver* Academia Militar das Agulhas Negras

AP *ver* Ação Popular

Apgaua, Ricardo, 69, 204-6

Aquino, Rubim Santos Leão de, 149, 215

Aranha, Osvaldo, 88

Araújo, Luís Almeida, 153, 177

Araújo, Maria do Amparo Almeida, 150-7, 177, 211-2

Araújo, Merival, 130, 143-6, 149-53

Arraes, Miguel, 148, 211

Arroyo, Ângelo, 182, 191, 215

Ato Institucional nº 5 (AI-5), 28-9, 41, 82, 111, 123

Bacuri *ver* Leite, Eduardo

Baiardi, Amílcar, 35, 41

Barbosa, José Milton, 73-5, 80

Barcelos, Maria Auxiliadora Lara (Dodora), 38-9

Barret, Soledad, 177

Barros, Ademar de, 24

Batista, Hermes Camargo, 30-1, 43, 53, 176, 203

Baumgarten, Alexandre von, 94-5

Belham, Antônio (general), 146

Benjamin, Cid, 166

Bento ver Alvarenga, Francisco Jacques de

Boilesen, Henning Albert, 81-2, 124

Bolsonaro, Jair, 11, 13

Bom Burguês ver Vale, Jorge Medeiros

Bonfim, Antônio Maciel (Miranda), 87-9, 91

Branco, Humberto de Alencar Castelo, 40, 94, 107, 149

Branco, Osni, 22, 25-7, 31-2, 43, 200

Brito, Juarez Guimarães de, 56

Brito, Maria do Carmo, 57

Brizola, Leonel, 30, 93, 133, 179

Bucher, Giovanni, 39

cabo Anselmo ver Santos, José Anselmo dos

Cabral, Antônio Carlos Nogueira, 114, 119-20

Cabral, Getúlio de Oliveira, 161

Caldas, Álvaro, 172, 174, 214

Caloni, Elvira Cupello (Elza Fernandes), 87-91

Carazzai, Estelita Hass, 215

Cardoso, Carlos Alberto Maciel (Juca), 17-8, 20, 104-9, 112-15, 117-18, 120-1, 208-9

Cardoso, Fernando Henrique, 119, 158, 210

Cardoso, Paulo Sérgio Fonseca, 106, 109-10, 114, 117-8, 209

Careca, Raul, 126

Carvalho, Apolônio de, 162-3, 165-6, 168-71, 174, 213

Carvalho, Herbert Eustáquio de, 58

Carvalho, João Henrique Ferreira de (Jota), 131-32, 186, 211

Carvalho, Luiz Maklouf, 152, 156, 200-5, 210, 212, 216

Casa da Morte, 53

Castro, Adyr Fiuza de (general), 54-5, 105, 129, 173

Castro, Fidel, 49, 61, 63, 97, 99, 180, 192

CCC ver Comando de Caça aos Comunistas

Celestino, Pedro, 82

Central Intelligence Agency (CIA), 54

Centro de Informações da Marinha (Cenimar), 16, 45, 47, 57, 105, 116-17, 119, 133, 165-6, 174

Centro de Informações da Aeronáutica (Cisa), 16, 81

Centros de Inteligência do Exército (CIE), 16, 53-54, 129, 179, 182, 184-5, 190

Centros de Operações de Defesa Interna (Codi), 16, 126, 189

Chachamovitz, Betty, 113, 120, 122, 130

Che Guevara ver Serna, Ernesto Rafael Guevara de la

Chignall, Euclides da Silva (major), 132, 135, 143, 145, 147, 149-50, 158-9

China, 14, 188, 192

Chinês *ver* Rolim, Salatiel Teixeira
CIA *ver* Central Intelligence Agency
CIE *ver* Centros de Inteligência do Exército
Cienfuegos, Camilo, 97
Cisa *ver* Centro de Informações da Aeronáutica
Clemente *ver* Marighella, Carlos
Climene, 143, 146, 149-50, 155-7
CNV ver Comissão Nacional da Verdade
Codi *ver* Centros de Operações de Defesa Interna
Colina *ver* Comando de Libertação Nacional
Comando de Caça aos Comunistas (CCC), 125-6
Comando de Libertação Nacional (Colina), 24, 56
Comissão de Anistia, 18, 20, 119
Comissão Especial sobre Mortos e Desaparecidos Políticos (CEMDP), 210
Comissão Nacional da Verdade (CNV), 18, 38, 95, 158, 199-200, 204, 206, 208, 211, 213-4
Correia, Ana Maria Nacinovic, 75
Costa e Silva, Artur da (marechal), 23, 40, 123, 148-9, 164, 167
Costa, José Carlos da, 130-1
Costa, José Raimundo da (Moisés), 27-8, 177
Costa, Osvaldo Orlando da (Osvaldão), 182
Costa, Roberto Hipólito da, 94
Crioulo *ver* Cunha, Luiz José da
Cruz, Felipe Santa, 12
Cuba, 14, 25, 30, 46, 48-52, 54, 61-4, 68, 71-3, 82-5, 98, 112, 153, 165, 178, 181, 188, 192, 204

Cunha, Luiz José da, (Criolo), 80, 154, 158
Cuthberg, David A., 130-1

Debray, Jules Régis, 71, 97
Departamento de Ordem Política e Social (Dops), 47, 51-2, 71-2, 77-8, 129, 154, 177, 205-6
Destacamentos de Operações de Informações (DOI), 12, 28, 54, 57, 77, 81-2, 122, 126-27, 130-1, 135, 144-6, 168, 173, 184-6, 188-9, 191, 210-11, 214, 216
Dinis, Wellington Moreira, 56
Dirceu, José, 63, 71
Dodora *ver* Barcelos, Maria Auxiliadora Lara
DOI *ver* Destacamentos de Operações de Informações
Dops *ver* Departamento de Ordem Política e Social
Dostoiévski, Fiódor, 79
Dowbor, Ladislau (Jamil), 38
Dr. Ney *ver* Silveira, Ênio Pimentel da (major)
Drummond, João Batista Franco, 191
Duarte, Jurandir, 186, 216

Elbrick, Charles, 15, 23, 34-40, 48-9, 71, 166-7, 178
Elza Fernandes *ver* Caloni, Elvira Cupello
Espinosa, Antônio Roberto, 35
Esquadrão da Morte, 44
Estado Novo, 48, 53, 63, 89
Etchegoyen, Ciro Guedes (coronel), 53

Faculdade de Filosofia, Ciências e Letras da Universidade de São Paulo (USP), 125

Fernandes, Hélio, 109

Ferreira, Aloysio Nunes, 126, 202

Ferreira, Joaquim Câmara (Velho ou Toledo), 45-51, 61, 65-6, 112, 116, 153

Fiel Filho, Manoel, 184

Fleury, Sérgio Paranhos, 19, 47, 50-2, 70, 77, 84, 95, 124, 128-9, 177

Fon Filho, Aton, 59

foquismo ou teoria do foco, 97

Forças Armadas, 14, 16, 21, 24, 28, 32, 44, 47, 72, 88, 107, 127, 135, 146, 148, 172, 181, 185

Fortes, Hélcio Pereira, 60, 114, 119

Gaspari, Elio, 33, 94, 164, 177, 190, 199-203, 206-8, 210, 213, 215-7

Gasparotto, Alessandra, 201

Geisel Sobrinho, Orlando, 126, 176, 183-4, 216

Godoy, Marcelo, 216, 218

Gomes Neto, Paulo, 109, 119, 145, 208-9, 211

Gonçalves, Leônidas Pires (general), 189

Gorender, Jacob, 33, 35, 98, 131, 152, 162, 166, 169, 172, 200-6, 210-2, 214

Goulart, João (Jango), 19, 93, 104, 106-7, 148

Graaf, Johnny de, 87-9, 92

Guerlenda, Lídia, 65, 68, 80, 120, 186, 204, 206, 208-9

Guerra, Eutimio, 99

Guimarães Neto, José Genoino, 182, 215

Hans ver Manz, Rudolf Jacob

Havana, 49-50, 61, 63, 71-3, 165, 212

Haymal, Fernando, 99

Helou, Farid, 170

Hermelinda, 105, 109, 117-8

Herzog, Vladimir, 184, 206

Hitler, Adolf, 35

Holleben, Ehrenfried von, 57, 102

Hutt, Alfred, 88

Iavelberg, Iara, 32

Iavelberg, Samuel, 32

Internacional Comunista (Partidão), 184, 188

Jango ver Goulart, João

Joana ver Paz, Maria da Conceição Coelho da

Jota ver Carvalho, João Henrique Ferreira de

Juca ver Cardoso, Carlos Alberto Maciel

Kucinski, Ana Rosa, 85

Kucinski, Bernardo, 85, 206

Lamarca, Carlos, 29-33, 39, 44, 102, 116, 178

Lana, Antônio Carlos Bicalho, 83, 205

Laque, João Roberto, 201, 203, 214

Lavanère-Wanderley, Nélson Freire, 94

Lavecchia, José, 178

Leite, Eduardo (Bacuri), 28, 58, 65

Lênin, 30, 96, 97, 101, 144

Ligas Camponesas, 49

Lima, Almir Custódio de, 160, 170, 173

Lima Filho, Antônio Soares de (Lúcio Help), 173-4

234

Lima, Joaquim Celso de, 190
Lúcio Help *ver* Lima Filho, Antônio Soares de
Lucky, Luciano *ver* Rodrigues, Manoel Antônio
Lula da Silva, Luiz Inácio, 18, 119, 131
Lungaretti, Celso, 43-4
Luz, James Allen, 130-1

Maciel, Audir, 146
Magalhães, Mário, 48, 100, 202, 204-5, 208-9, 211, 214
Malhães, Paulo (coronel), 95, 217
Malinóvski, Roman, 207
Manz, Rudolf Jacob (Hans), 77
Mao Tsé-tung, 97, 188, 192
Marighella, Carlos (Clemente), 29, 34, 41, 46, 48, 60-5, 71, 74-5, 77, 84-5, 100-1, 111-2, 116, 144, 148, 165-7, 204-5, 208, 211, 214
Mário Japa *ver* Osava, Chizuo
Martinelli, Renato, 46-47, 50-1, 63, 66, 71-2, 80, 202-6
Martins, Carlos Roberto (capitão), 122
Marx, Karl, 133, 144
Matos, Antônio Sérgio de (Uns e Outros), 74, 82
MDB *ver* Movimento Democrático Brasileiro
Médici, Emílio Garrastazu (general), 43, 58, 108, 123, 126, 133, 176, 208, 215
Meireles Neto, Tomás Antônio da Silva, 130, 155
Melinho *ver* Melo, Severino Teodoro de
Melo Filho, Viriato Xavier de, 51
Melo, Severino Teodoro de (Melinho), 183-5, 188

Miranda *ver* Bonfim, Antônio Maciel
Miranda, Ari da Rocha, 65
Miranda, Nilmário, 119, 199, 203, 209, 213, 216-7
MNR *ver* Movimento Nacionalista Revolucionário
Moisés *ver* Costa, José Raimundo da
Moitinho, Vitorino Alves, 160, 170, 173
Molipo *ver* Movimento de Libertação Popular
Monnerat, Elza, 190
Montefiore, Simon Sebag, 96, 207-8
Monteiro, Alfeu de Alcântara, 93-4
Montoneros *ver* Movimiento Peronista Montonero
Moraes Neto, Geneton, 85, 206, 216
Moreira Júnior, Otávio Gonçalves (Otavinho), 122-31, 144-5, 161
Mota, Sílvio, 107
Movimento de Libertação Popular (Molipo), 62-3, 127
Movimento Democrático Brasileiro (MDB), 29, 184
Movimento Nacionalista Revolucionário (MNR), 133
Movimento Revolucionário 8 de Outubro (MR-8), 34, 57, 102, 164-5, 168, 208
Movimento Revolucionário Tiradentes (MRT), 81-2
Movimiento Peronista Montonero (Montoneros), 99
MR-8 *ver* Movimento Revolucionário 8 de Outubro
MRT *ver* Movimento Revolucionário Tiradentes
Müller, Filinto, 88-9, 91

Nascimento, Cláudio Augusto, 149
Nasser, David, 44

Natel, Laudo, 129, 210
Neyzinho *ver* Silveira, Ênio Pimentel da (major)
Nogueira, Adriana Tanese, 199
Nossa, Leonencio, 183, 207, 215
Novais, José Gomes, 190

OAB *ver* Ordem dos Advogados do Brasil
Oban *ver* Operação Bandeirante
Oliveira, Fernando Augusto de Santa Cruz, 12
Oliveira, Pedro Lobo de, 30
Operação Bandeirante (Oban), 16, 81, 125-6
Ordem dos Advogados do Brasil (OAB), 12, 173
Osava, Chizuo (Mário Japa), 25, 27, 33-4, 41, 179, 215
Osvaldão *ver* Costa, Osvaldo Orlando da
Otavinho *ver* Moreira Júnior, Otávio Gonçalves

Paiva, Rubens, 67, 147
Partido Comunista Brasileiro (PCB), 14, 34, 46, 48, 54, 57-8, 63, 70, 85, 87, 90-2, 104, 162-3, 183-5, 188-9, 216
Partido Comunista Brasileiro Revolucionário (PCBR), 58, 92, 123, 130, 160-73, 212-4
Partido Comunista do Brasil (PC do B), 16, 180-2, 188-91
Partido Popular Socialista (PPS), 185
Pasquim, 62, 215
Passarinho, Jarbas Gonçalves, 111
Paula, Zilda, 63
Paulinho *ver* Silva, Antônio Nogueira da

Paz, Carlos Eugênio Coelho Sarmento da, 46-7, 60-1, 63, 65, 68, 74-5, 80, 82-3, 204-6
Paz, Maria da Conceição Coelho da (Joana), 64, 117
PCB *ver* Partido Comunista Brasileiro
PCBR *ver* Partido Comunista Brasileiro Revolucionário
PC do B *ver* Partido Comunista do Brasil
Penteado, Francisco Emanuel, 212, 216
Peralva, Osvaldo, 90
Perdigão, Freddie, 95
Pereira, Astrojildo, 188
Pereira, Iuri Xavier, 47, 60, 63, 66, 74, 82-5, 154
Pezzuti, Ângelo, 178, 215
Pinto, Onofre, 31, 177, 178
Pomar, Pedro Estevam da Rocha (neto), 191, 216, 217
Pomar, Pedro, 191
Pomar, Wladimir, 216-7
PPS *ver* Partido Popular Socialista
Prado, Gary, 35
presídio Cândido Mendes, 108
Prestes, Anita Leocádia, 91
Prestes, Luís Carlos (Cavaleiro da Esperança), 46, 88-91, 162, 184, 192, 207, 212
Prestes, Olga Benário, 88-91, 207

Quadros, Jânio da Silva, 93
Quedograma, 52, 83
Queirós, Ronaldo Mouth, 132

RAN *ver* Resistência Armada Nacional
Reicher, Gelson, 80
Reis, Daniel Aarão, 15, 42, 74, 95, 128, 199, 201, 203 , 205, 207-8, 210
Reis, Ieda dos, 37, 56-7, 203

Renata *ver* Silva, Maria Tereza Ribeiro da

Resistência Armada Nacional (RAN), 54, 132-3, 135, 145, 149

Revolução Cubana, 97-8

Ribeiro Jr., Amaury, 202

Ridenti, Marcelo, 59, 199-200, 203, 205, 208, 214

Riocentro, 173

Roberto Penaforte *ver* Rolim, Salatiel Teixeira

Rocha, Amadeu de Almeida, 135

Rocha, Arnaldo Cardoso da, 60, 212, 216

Rocha, Leonel, 203, 213, 215

Rodrigues, Luís Afonso Miranda da Costa, 65

Rodrigues, Manoel Antônio (Lucky, Luciano), 57

Rodrigues, Ranúsia Alves, 130, 160-1, 170, 173

Rogério *ver* Salles, Flávio Augusto Neves Leão de

Rohrsetzer, Átila, 147

Roio, José Luiz del, 52, 69, 202-5

Rolim, Salatiel Teixeira (Chinês, Roberto Penaforte ou Velho Sala), 10, 17-8, 20, 159-70, 172, 174

Rolim, Sérgio, 165, 167

Rollemberg, Denise, 202-4

Rosa, Odílio Cruz, 181

Rousseff, Dilma, 18, 24, 38, 55

Ruggia, Enrique Ernesto, 178

Salgado, Plínio, 90

Salles Filho, Egydio, 113

Salles, Flávio Augusto Neves Leão de (Rogério ou Ali), 105-6, 110-3, 120, 130, 155, 209

Salles, José de Albuquerque, 185

Santos, Alberi Vieira dos, 179

Santos, José Anselmo dos (cabo Anselmo ou agente Kimble), 19-20, 64, 106-7, 154, 177-80, 199-200

Scartezini, Antonio Carlos, 215

Schereier, Chael Charles, 38-9

Segall, Maurício, 51

Seiko, Francisco, 153, 216

Seixas, Ivan, 201

Serna, Ernesto Rafael Guevara de la (Che Guevara), 30, 33-5, 72, 97-100, 107, 208

Serviço Nacional de Informações (SNI), 16, 77, 83, 94-5, 103, 128, 133, 135, 161

Silva, Adilson Ferreira da (Ari), 200

Silva, Antônio Nogueira da (Paulinho), 22-8, 34, 36-7, 40-4, 56, 177, 199-201

Silva, Maria Tereza Ribeiro da (Renata), 165-6, 168, 174

Silva, Otávio Rainolfo da, 179

Silva, Wilson, 62, 85

Silva, Paulo de Tarso, 74, 82, 212

Silveira, Ênio Pimentel da (major) (dr. Ney ou Neyzinho), 132, 185-7

Silveira, Modesto da, 150

Sipahi, Aytan, 213-4

Siqueira, Juliano, 212-4

SNI ver Serviço Nacional de Informações

Sodré, Abreu, 126

Sousa, Herbert José de, 59

Sousa, Rosalindo de (Mundico), 182

Souza, Ismael Antônio de, 31, 200, 203

Souza, Percival de, 202, 210

Stálin, Josef, 96-7, 172, 189, 207-8

Stuchevski, Pavel, 90

Suassuna, Ariano, 108

Suppo, Walter, 129

Tavares, José da Silva (Severino), 45-6, 49, 53, 60, 64, 73, 76, 105, 176, 183, 203

Tayah, Linda, 74

Telles, Manoel Jover (Antônio Lima), 188-93, 216, 217

TFP *ver* Tradição, Família e Propriedade

The Communist International (Comintern), 88, 90

Tibúrcio, Carlos, 203

Toledo *ver* Ferreira, Joaquim Câmara

Toledo, Antônio Eufrásio de, 70

Toledo, Márcio Leite de, 17-8, 20, 60-2, 66- 87, 102, 154, 205

Toledo, Maria de Lourdes, 51, 77-8

Toledo, Maurício, 69

Torigoe, Hiroaki, 127

Tortura Nunca Mais (GTNM), 157-8

Tradição, Família e Propriedade (TFP), 122, 125, 210

Trótski, Leon, 96, 208

Tuma, Romeu, 129

UFMG *ver* Universidade Federal de Minas Gerais

UFPA *ver* Universidade Federal do Pará

União Soviética, 14, 88, 92, 185, 188

Universidade de Brasília (UnB), 82

Universidade de São Paulo (USP), 65, 125-6

Universidade Federal de Minas Gerais (UFMG), 213

Universidade Federal do Pará (UFPA), 111, 121, 209

Uns e Outros *ver* Matos, Antônio Sérgio de

USP *ver* Universidade de São Paulo

Ustra, Carlos Alberto Brilhante (coronel), 13, 124, 127, 132, 146-7, 190, 210

Vale, Jorge Medeiros (Bom Burguês), 164-5

Valente, Rubens, 199, 207

Valle, Ramires Maranhão do, 130, 160-1, 170, 173-4

Valle, Romildo Maranhão do, 161, 174, 212, 215

Vanguarda Armada Revolucionária Palmares (VAR-Palmares), 22-7, 31-6, 42, 56, 123, 130

Vanguarda Popular Revolucionária (VPR), 24-5, 28-31, 33, 36, 38, 42-3, 54, 56-8, 102, 123, 130-1, 154, 177-180, 208

Vargas, Getúlio, 53, 63, 87-8, 91, 135, 147, 185, 207

VAR-Palmares *ver* Vanguarda Armada Revolucionária Palmares

Velho Sala *ver* Rolim, Salatiel Teixeira

Velho *ver* Ferreira, Joaquim Câmara

Vieira, Gleuber, 147

Warchavski, Tobias, 91

Westernhagen, Edward Ernest Tito Otto Maximilian Von (major), 35

Xavier, Joaquim José da Silva (Tiradentes), 202

Zarattini, Ricardo, 62

ESTA OBRA FOI COMPOSTA EM MINION POR ACOMTE E IMPRESSA EM OFSETE PELA GRÁFICA PAYM SOBRE PAPEL PÓLEN SOFT DA SUZANO S.A. PARA A EDITORA SCHWARCZ EM SETEMBRO DE 2021

A marca FSC® é a garantia de que a madeira utilizada na fabricação do papel deste livro provém de florestas que foram gerenciadas de maneira ambientalmente correta, socialmente justa e economicamente viável, além de outras fontes de origem controlada.